FOLIO BIOGRAPHIES
collection dirigée par
GÉRARD DE CORTANZE

Stefan Zweig

par

Catherine Sauvat

Gallimard

Crédits photographiques

1, 7, 13 : Williams Verlag, Zurich. 2, 11 : droits réservés.
3 : Imagno/Austrian Archives/Roger Violet. 4 : akg-images.
5 : Varma/Rue des Archives. 6 : Harlingue/Roger-Violet.
9, 10 : collection Christophe L.-D.R. 12 : Hulton-Deutsch Collection/Corbis.
14 : Imagno/Schostal Archiv/Roger Viollet.

© Éditions ADGP, 2006 pour l'œuvre de Frans Masercel

© Éditions Stock, 1948, 1980, 1988, 1989, 19
90, 1992, 1994, 2001,
pour la traduction française de *La confusion des sentiments*.
© Éditions Stock, 1961, 1979, 1988, 1989, 1990, 1992, 1994,
pour la traduction française de *Lettre d'une inconnue* et *Amok*.
© Éditions Bernard Grasset, 1935,
pour *Le Bouquiniste de Mendel*
et *Révélation inattendue d'un métier* in *La peur*.
© Éditions Bernard Grasset, 1937,
pour *Virata* in *Le chandelier enterré*.
© Éditions Bernard Grasset, 1945,
pour *La Nuit Fantastique* et *Brûlant secret* in *Brûlant secret*.
© Éditions Bernard Grasset, 1935, *Érasme*.

© *Éditions Gallimard, 2006.*

Née à Paris, d'origine autrichienne, Catherine Sauvat est l'auteur d'une biographie de Robert Walser (Plon, 1989 ; rééd. Le Rocher, 2002), à partir de laquelle elle a coécrit un documentaire réalisé par Pierre Beuchot pour la série « Un siècle d'écrivains », et a publié différents ouvrages parmi lesquels, aux Éditions du Chêne, *Stefan Zweig et Vienne* (2000), *De Bruges à Amsterdam* (2003), *Isabelle Eberhardt ou le rêve du désert* (2004), et, aux Éditions Hermé, *Venise* (2004), *Prague* (2005) et *Vienne* (2006).

Avant-propos

Stefan Zweig n'a jamais été complètement oublié. Lui, qui ne se sentait pas digne de ses modèles, ne s'était même pas autorisé à penser que ses livres traverseraient les époques et pourraient être encore appréciés par de nouvelles générations. De son vivant, il était déjà l'un des rares auteurs de langue allemande à être très connu et lu dans le monde entier. Ni classique ni moderne, il a établi sa renommée spectaculaire en dehors du monde littéraire qui n'a jamais trop su où le placer.

En France, son œuvre a été associée dès le début à son traducteur, un certain Alzir Hella, un personnage mystérieux dont la vie aurait presque pu lui inspirer un roman. Derrière ce pseudonyme recherché se cachait un ouvrier typographe, anarchiste et vagabond dans l'âme, passant aussi par la prison. Il avait le même âge que Zweig et s'était attelé à la traduction de son œuvre en français, avec parfois la collaboration d'Olivier Bournac. Ses convictions politiques et son dédain des conventions sociales apparaissent curieusement aux antipodes de l'intellectuel raffiné viennois. Il saura pourtant se glisser dans son univers et devenir la clé de voûte populaire de l'écrivain.

Aujourd'hui, nous disposons d'une réédition incontournable* établie par Brigitte Vergne-Cain et Gérard Rudent pour les deux premiers volumes et par Isabelle Hausser pour le troisième qui permettent d'aborder une grande partie de l'œuvre de Zweig. Les traductions ont été révisées et favorisent ainsi une lecture débarrassée de la seule poussière nostalgique. De cet écrivain à la langue virtuose qui maintient un rythme très étudié, souvent haletant, émane un charme troublant aux curieuses terminaisons nerveuses. Des nouvelles aux romans, des biographies historiques et littéraires au théâtre et à la poésie, on pourra se laisser prendre par une inspiration puissante. Zweig n'a cessé d'affirmer une vision humaniste et tolérante, un idéal de liberté et de vérité autour desquels la parole pouvait jaillir et s'incarner. Grâce à quelques ingrédients savamment dosés, distribuant une touche de mélancolie ici, une pincée esthétisante là, enfin un versant psychologique très aiguisé sur une réalité sexuelle plus que présente, il parvient toujours à entrouvrir les secrets d'un monde qui est au plus profond de chacun de nous.

* Voir, en fin d'ouvrage, les références bibliographiques.

« Laquelle de mes vies ? »

C'est en exil, alors qu'il rédige son autobiographie, que Stefan Zweig se demande ce qu'il doit rapporter sur les différentes directions de son existence. Écrire sa vie, oui, mais laquelle ? Sa vie d'avant les deux guerres, de Viennois littérateur et mondain ? Sa vie d'écrivain à succès à Salzbourg au centre d'une Europe dont il a rêvé les contours ? Sa vie de voyageur cosmopolite et passionné par toutes les cultures approchées ? Tout cela sans doute, mais auquel il manque aussi cet autre côté du miroir, celui de l'existence inquiète d'un être perpétuellement dépressif et sombre. Qu'importe puisque finalement tout sera balayé par la constatation terriblement concrète de l'anéantissement soudain de toutes ses identités, celles de Juif, d'Autrichien, ainsi que d'humaniste et de pacifiste : « Contre ma volonté, j'ai été le témoin de la plus effroyable défaite de la raison et du plus sauvage triomphe de la brutalité qu'atteste la chronique des temps ; jamais — ce n'est aucunement avec orgueil que je le consigne, mais avec honte — une génération n'est tombée comme la nôtre d'une telle élévation spirituelle dans une telle décadence morale[1] », énonce-t-il avec force dans son introduction au *Monde d'hier*.

Dans le sillage de Taine, auteur sur lequel porte son sujet de thèse de philosophie, Zweig rappelle constamment que chacun porte en soi quelque chose de prédéterminé. Encore faut-il savoir comprendre ce qui arrive et parvenir à le déchiffrer. Lui-même, qui semble dans sa vie repousser toute décision, en prendra une sans appel, celle de sa propre mort, ne laissant plus alors les faux hasards lui dicter quoi que ce soit.

Son destin comporte déjà des signes, des inflexions curieuses qui auraient pu clignoter comme autant d'alarmes. Plusieurs fois, pour trois de ses pièces de théâtre et même pour l'une de ses adaptations, la maladie puis la mort des principaux acteurs provoquent l'annulation des spectacles. Quel message fallait-il y discerner ? Cet apparent bégaiement du hasard va donner au célèbre écrivain la sensation que tout, à tout instant, malgré les promesses, peut se défaire et s'écrouler. Une superstition qui ne l'empêchera pas de se remettre à l'ouvrage mais qui donnera un fond d'incertitude aux coïncidences de toutes sortes. Et quand ensuite l'avenir semble s'assombrir, il réagit plus vivement que nécessaire. À sa manière, cet auteur « comblé » refuse de se laisser piéger par le renvoi plaisant des vanités. C'est peut-être son drame d'ailleurs. Il ne fera que marcher au bord du gouffre, un pas après l'autre, avec toujours ce trébuchement de l'âme si caractéristique.

« Le seul devoir qui nous incombe est donc de vivre dignement notre propre vie jusqu'au bout... À la vérité, je n'ai plus peur de rien[2] », dit-il dans une lettre à son frère aîné en 1931, une exhortation qui peut apparaître comme une tentative renouvelée de conjurer les tours de la fatalité. Stefan Zweig a alors cinquante ans. Onze années plus tard, en 1942, il mettra fin à ses jours. Cet écrivain traduit dans plus d'une soixantaine de langues, avec d'incroyables records de tirages (250 000 pour un petit livre, 170 000 pour une nouvelle) enchaînant une production d'une immense ampleur n'a cessé de se confronter à ses propres fantômes ; ceux du mal-être, de l'insatisfaction, du pessimisme. Ni ses réalisations ni sa réussite ne pourront jamais le guérir de sa défiance envers lui-même et atténuer la pesante sensation d'être en deçà des autres auteurs.

Tout jeune, tout lui semble pourtant acquis. Issu d'un milieu aisé, il publie à vingt ans un premier recueil de poèmes, à vingt-trois ans un livre de nouvelles et un drame à vingt-six ans. Il voyage, se lie avec de nombreux auteurs étrangers, et insensiblement obtient les faveurs d'un large public. Bien avant l'heure, à une période déchirée par le fracas de la Première Guerre mondiale, il est porté vers un engagement européen. Pourtant, tous ces versants positifs n'empêchent pas sa lente descente vers une tonalité toujours plus crépusculaire. « C'est précisément les rêves qui ne se sont point accomplis qui s'y montrent les plus invincibles », suggère-t-il à la fin de son livre sur *Érasme*[3]. Que n'a-t-il pas réussi ou obtenu lui-même ? Plus sa notoriété s'affirme, plus il tend, paradoxalement, vers son propre effacement. Son activisme littéraire semble se dresser entre le monde et lui, comme autant d'impuissance à être.

Tout se passe comme si ses livres avaient constitué les garde-fous d'une existence en dehors d'elle-même. C'est peut-être ce qui explique son style si volubile qui joue sur les redondances, les paroxysmes, les amplitudes psychologisantes. Les descriptions des sentiments de ses personnages sont incroyablement frémissantes dans leurs infimes variations ; les poitrines sont oppressées, les cœurs indécis, embrouillés dans le chemin de leurs palpitations intérieures… à chaque instant Zweig fait vibrer les aiguilles d'un oscillographe des émotions qu'il pousse jusque dans leurs recoins les plus inavoués. Ce procédé, qui s'appuie à la fois sur d'innombrables superlatifs et sur une approche concentrique affinant davantage le propos, crée dans le texte une tension particulière et jongle ainsi sur le fil de notes flamboyantes. Sa dynamique l'entraîne à toujours monter d'un cran. Ainsi explique-t-il dans une lettre :

> Nous nous élevons spirituellement et moralement dans l'œuvre au-dessus de nos propres limites, nous inventons au destin une intensité qui ne nous a pas été donnée par la réalité : pour moi, écrire, c'est intensifier, que ce soit le monde ou soi-même [4].

Cette « intensification » qui passe par toute une technique de l'hyperbole peut être vue aussi comme l'expression *a contrario* de l'absence du soi. Une construction d'autant plus soutenue que la présence du vide est très tangible. Dans l'établissement de tous ces artifices, le danger est précisément que le cœur de l'incarnation ne s'évanouisse complètement. Sans doute est-ce aussi pour cette raison que Zweig, malgré ce sentiment d'existence que lui donne l'écriture, restera si désenchanté. Son Journal, sa correspondance nous montrent des pans de ce qu'il ressent comme des frustrations permanentes. Il est l'écrivain qui se place dans l'ombre de sa propre vie.

Son œuvre se présente comme une immense toile où s'imbriquent plusieurs genres d'écriture, rangés dans différents tiroirs qui figurent les aspects d'un monde dont il tente de dessiner les contours. Dans ses nouvelles et romans, il piste les sentiments et plus précisément les passions en répercutant leurs effets jusque dans leurs ricochets les plus infimes. Les situations choisies sont souvent celles d'un moment de crise où quelque chose peut se dévoiler. En revanche, dans ses biographies, c'est une forme de typologie des caractères qu'il s'efforce de discerner. D'un côté, dans la fiction, il joue sur un flou qui permet les cheminements les plus obscurs, tandis que dans ses essais il cerne une matérialité dont il extirpe les parties les plus secrètes. Ce en quoi il propose une forme d'unité dans l'ensemble apparemment très disparate de son travail. Lui-même n'a jamais abandonné un versant au profit de l'autre : romancier ou biographe, lui seul choisit ses sujets à son gré et trouve en outre le public au rendez-vous. Ce qui sépare ces deux genres est peut-être sa faculté à se « laisser aller ». De tempérament et de culture, il se bride et se retient toujours. L'univers des nouvelles et des romans ne comporte plus aucun filet de sécurité tandis que dans ses biographies, il trouve un ordre, une méthode qui lui conviennent.

Zweig parle très peu de lui, il faut le deviner entre les lignes. Dans son autobiographie, *Le Monde d'hier*, il révèle assez peu de ses tourments personnels, et n'évoque qu'à peine sa vie privée. Lui qui s'attache à dénuder l'âme humaine dans tous ses recoins ne soulève presque jamais un seul pan de sa propre intimité. Ses textes composés sur les rivages des émotions des autres ne franchissent pas la ligne de l'introspection. S'il admire tant la révolte et la subversion des grands écrivains, il ne se laisse surtout pas aller à ces éclats. Il reste très raisonnable, de bon aloi, vissé dans des valeurs personnelles de discrétion et de mesure. Parallèlement, il éprouve une grande fascination pour les personnages sombres et excessifs, ceux qu'il regroupe sous l'étiquette du « démonisme », comme Dostoïevski, Kleist ou Nietzsche (le démon faisant évidemment référence aux tourments intérieurs, aux tempêtes de l'âme). Il leur brandit un contre-exemple, celui de la figure solaire de Goethe, auquel lui-même cherchera à s'identifier dans le cours de sa vie, sans y parvenir, empruntant même un mouvement totalement inverse, ne faisant qu'attiser son angoisse. Au fil des années, il sera la proie de ce qu'il nomme tout d'abord les affres de sa « bile noire », puis d'une forte dépression qui l'enserrera et l'entraînera toujours plus loin vers l'inéluctable.

Le choix de ces modèles est plus que constitutif ; Zweig a eu besoin de figures tutélaires du passé, tout comme il n'a cessé de s'identifier à des « pères » spirituels qu'il a admirés, côtoyés et *curieusement* jamais détruits symboliquement. Il est passé de l'un à l'autre au gré des événements de sa vie. Le premier pour lequel il éprouve un vif engouement est le poète belge Émile Verhaeren qui lui donne littéralement la force de vivre, jusqu'à ce que les violentes prises de position de ce dernier pendant la Première Guerre mondiale — il avait notamment écrit un poème dans lequel les soldats allemands apparaissaient comme des monstres, coupant les pieds des petits enfants belges — l'en détournent. Le deuxième est Romain Rolland avec lequel il échangera une immense correspondance (quelque six cents lettres) et qui sera son maître à penser mais dont le cheminement plus politique et engagé finira par le rebuter. Le troisième, Sigmund Freud, qui a été présent en filigrane sur une trentaine d'années et dont il a dès le début salué l'audace, a joué un rôle quasi libérateur pour lui. De fait, on pourrait même affirmer que lorsque ce dernier a disparu en 1939 (un suicide provoqué par les trop grandes douleurs de sa maladie), cela a annoncé la mort à venir de Zweig. Car, la fin du monde de l'écrivain viennois, c'est aussi la fin de ses archétypes qui ont failli dans leur rôle. Il aurait pu alors choisir de s'impliquer lui-même et faire le lien avec les nouvelles générations, mais il n'a pu s'y résoudre. Pourtant, il avait dans la main toutes les cartes nécessaires pour convaincre... Zweig s'est tellement raidi dans sa propre mise à l'écart qu'il a fini par programmer son propre effacement. Une attitude presque romantique en écho à ses récits.

Les tenants de la vie de cet écrivain si secret semblent être toujours maintenus dans des pourtours plus littéraires que réels. Comme s'il avait décidé de se regarder tout en se plaçant à l'extérieur, en entomologiste de lui-même, pour épingler ses errances et ses questionnements. Arthur Schnitzler, cet autre grand Viennois qui a tant pratiqué l'introspection, notamment à l'aide de ses Journaux presque quotidiennement tenus, établit quant à lui une nette différence entre d'un côté sa vie, ses désirs, ses pulsions, et de l'autre tout ce qui touche à son travail d'auteur. Zweig, quant à lui, mêle les frontières dans une estompe plus grise. Dans ce jeu de mises en abyme, la réalité est placée sur le même plan que la fiction. C'est aussi ce qui l'anime dans ses biographies où il s'efforce de démonter les constructions internes entre les vies et les œuvres de ses auteurs. Comme parade ultime, il brandit alors deux boucliers, celui de la poésie et celui de la psychologie. Le premier rejoint le mythe de l'absolu et le deuxième permet « d'explorer, région par région, couche par couche, l'infini de notre nouvel univers : les profondeurs de l'homme [5] », les deux s'interpénétrant dans leurs fonctions d'approche de l'humain et du monde.

Zweig, dans ses biographies littéraires, prend toujours soin de tracer un portrait de l'écrivain concerné. Les caractéristiques physiques tout comme les expressions sont passées au crible et, pour certaines, mises en situation. La rage de Stendhal devant sa propre laideur, la masse hirsute de la barbe et des poils de Tolstoï, la belle stature du jeune Casanova, l'aspect terne et impersonnel de Kleist... tout comme le regard bon de Verhaeren ou les yeux clairs de Romain Rolland... Mais là encore, Zweig ne se rend jamais la pareille : il ne se décrit pas. Tout au plus indique-t-il qu'il n'a pas de mal à séduire les femmes dans des aventures sensuelles qu'il range sous le terme réducteur d'« épisodes ». Il ne se dit ni attractif, ni beau, ni quoi que ce soit d'autre. Dans son autobiographie, il rappelle que l'époque voulait que les jeunes gens se vieillissent pour paraître crédibles et que toute allusion au corps, alors caché et bridé, ne pouvait renvoyer que vers des sphères médicales un peu effrayantes.

Il ne nous reste plus alors que les témoignages et ses photos. Lunettes fines chaussées ou non, large moustache, cheveux soigneusement peignés de côté, costume et cravate ou habit plus décontracté en vacances... le front est haut, les yeux soulignés par de fins sourcils, les narines palpitantes. Il tient souvent une cigarette ou un cigare entre ses doigts. On le sent pensif, un peu forcé dans l'expression de ses sourires, certainement de plus en plus sceptique au fil des années. C'est encore dans la série de ces photos d'identité prises à Londres en 1940 qu'il serait au plus près de lui-même. Plutôt amène et distingué dans son maintien, le visage est souvent tourné vers le haut comme pour happer un peu d'air, presque surpris et légèrement décontenancé. Le regard pénétré et charmant, comme à l'accoutumée, fore l'objectif, puis se dérobe tout en laissant apparaître de la détresse. Les témoignages sur lui ont été unanimes, tous évoquent un gentleman distingué, des manières parfaites, une présence forte pour cet « homme de lettres », comme il se définit lui-même sur sa carte d'entrée de la Bibliothèque nationale de Paris. Georges Duhamel le décrit comme « terriblement intelligent », Pierre Jean Jouve comme « une personne activement intellectuelle, vivante, pleine de courtoisie », Hermann Kesten souligne qu'il était « un homme aimable sans méchanceté, plein d'enthousiasme pour les grands esprits et un être prêt à aider les autres[6] ». Cet homme qui cultive une certaine élégance a en effet le sens de l'amitié et de l'entraide. Il s'active, intervient, pousse, conseille, voire soutient financièrement. Vis-à-vis des femmes en revanche, il reste relativement plus distant ; de toute façon, ses mariages comme ses aventures sensuelles ne le font jamais verser dans des états seconds. Il s'en garde bien, lui qui sait si bien en revanche décrire la passion dont les débordements tout à coup peuvent changer le cours de la vie. La nouvelle *La Nuit fantastique* semble révéler ses attitudes au plus près. Il y dépeint un homme un peu indifférent, souvent ennuyé par la société et qui constate l'état de son engourdissement. Seuls quelques réflexes en lui provoquent, notamment chez les femmes, des amorces de réactions qu'il s'empresse ensuite de ne pas suivre. « Ma meilleure jouissance érotique était de susciter chez les autres ardeur et trouble, au lieu de m'échauffer moi-même[7]. »

Zweig a dans sa vie exprimé les regrets d'être contenu dans un carcan qui l'emprisonne. À Hermann Hesse, il confie en 1903 : « Moi aussi, je me suis beaucoup évertué à vivre — il ne me manque que l'émanation dernière : l'ivresse. Je reste toujours un peu réservé[8]… » Trop contrôlé, trop tenu, avec un œil trop présent qui s'exerce sur son entourage et sur lui-même, Zweig ne connaît aucun excès. Et quand cela semble le cas — ainsi cette jeune modiste parisienne (Marcelle) avec laquelle il vit l'extase des plaisirs de la chair partagés —, il finit par revenir vers la voie de sa « raison », celle qui ne laisse pas l'exultation du corps prendre le dessus.

Admiré, reconnu, Zweig vit par ailleurs son succès de manière de plus en plus pesante. Au point de ne plus pouvoir supporter physiquement toute mise en lumière et jusqu'aux applaudissements qui suivent ses interventions. Le personnage qu'il est devenu ne lui convient pas, lui qui ne peut se mouvoir que dans des perspectives de fuite et de traverse. Il résoudra ainsi longtemps ses oppressions par des départs. À nouveau, il respire mieux, se sent libéré et parvient à fonctionner. Ses permanentes allées et venues constituent une sorte de tamis, il retrouve alors entrain et désir d'écriture. Ses craintes d'être entravé, freiné dans son travail par les devoirs imposés, notamment ceux de son ample correspondance et les obligations liées à sa renommée, reviennent régulièrement tout comme la sensation de perdre un temps précieux. « L'important serait de repartir de zéro, de découvrir une nouvelle manière de vivre, une autre ambition, un autre rapport avec l'existence — émigrer, et pas seulement extérieurement[9] », énonce-t-il. Sa femme Friderike lui fait remarquer à quel point il a réussi à enchaîner un livre après un autre; lui-même le constate alors qu'il est encore jeune : il a tellement publié, lui qui se voyait plutôt comme un « flâneur ».

Sans doute Zweig se heurte-t-il à un idéal d'écriture et de création dont il se sent lui-même très éloigné. Très tôt, il commence à collectionner les manuscrits de grands écrivains, comme s'ils formaient l'antichambre de secrets de fabrique qu'il pourrait percer. Quand ce sont des écrivains contemporains qu'il connaît, il n'hésite pas à leur demander leurs manuscrits. En réinvestissant dans ces acquisitions une grande partie de l'argent qu'il gagne par ses propres livres, il parvient symboliquement à transcender son succès. Comme il se place en outre dans une attitude de disciple vénérant des maîtres qu'il estime ne pas pouvoir égaler, il se retrouve toujours en décalage. Ainsi Romain Rolland lui a-t-il constamment demandé de cesser de l'appeler « maître ».

Parallèlement, Zweig aura aussi à se confronter à un certain dédain de la part des auteurs contemporains qu'il admire. Celui dicté probablement face à des écrits un peu superficiels qui frôlent la littérature populaire. Ainsi Hermann Hesse avoue ne pas aimer son style qu'il trouve trop fleuri et contraint. Thomas Mann ou Rilke se montrent un peu réticents à son endroit, même si leurs échanges épistolaires adoptent avec le temps un ton plutôt amical. Mais Zweig est encore plus impitoyable contre ses propres insuffisances. Il est persuadé ne jamais pouvoir atteindre le panthéon littéraire.

Littérairement, il se situe plus près du courant de ses aînés, comme Schnitzler, que de l'avant-garde. Que l'on pense à un auteur comme Robert Walser, né en 1878, donc de trois ans plus âgé et à sa modernité stylistique détonante. Ou à Alfred Döblin, né aussi en 1878 avec ses déclinaisons mi-burlesques, mi-épiques. Zweig ne s'est mis dans aucune mouvance (à moins que l'humanisme ne puisse s'appliquer à des données littéraires…). On pourrait le placer dans une sorte de post-impressionnisme grâce à l'utilisation chargée de la langue et de la psychologie. Ou créer un tiroir spécial qui, entre néo-romantisme et postsymbolisme, ouvrirait un petit espace dont les arabesques seraient un des moteurs, comme une espèce de trait d'écriture procédant par affinements progressifs.

Comme en écho, le public de Zweig s'est dessiné dans une frange très féminine, jouant sur les reflets nostalgiques d'une thématique sentimentale. La langue souvent emplie de maniérismes onctueux, la volonté de cerner l'extase, l'élégance du regard..., l'idée enfin que le destin peut basculer à tout instant par croisement amoureux, comme c'est le cas dans *Vingt-quatre heures de la vie d'une femme*, entrent sans doute dans des clichés dits féminins. Dans un de ses livres, l'écrivain allemand Kurt Tucholsky a une phrase très dure pour dépeindre la lectrice type de Zweig : « Plus terriblement jeune, toute seule et aux cheveux noirs, elle portait chaque soir une robe différente et était assise à sa table en lisant des livres cultivés. Je veux la décrire en deux mots : elle faisait partie du public de Stefan Zweig. Tout est dit ? Tout est dit[10]. » Avec ce genre de commentaire, la littérature épinglée comme « cultivée » est loin de prendre son sens le plus noble...

Né à Vienne, Zweig s'apparente également à sa culture d'origine, dont il n'a cessé paradoxalement de vouloir se détacher. La Vienne millénaire dans son Histoire représentait pour lui le cœur d'une Europe qu'il a idéalisée et qui sera, au fil de sa vie, le seul rêve auquel il restera fidèle. C'est ainsi qu'il a cherché à installer quelques amarres concrètes, comme cette *Bibliotheca Mundi*, une collection de chefs-d'œuvre du monde publiés dans leurs langues d'origine qu'il crée aux éditions Insel. Il se retrouve souvent instigateur de belles idées fortes et généreuses dont il assure en outre le suivi et la réalisation.

« Le Viennois évite instinctivement toute occasion de se décider[11] », écrit un ami de Zweig. Cela fait alors partie de la bonhomie, de la prétendue légèreté, de l'inertie rassurante de l'Empire où tout se doit de rester figé, de ce monde de la sécurité apparente décrit par Zweig dans son autobiographie : il s'agit de préserver ce qui existe, de repousser tout changement par définition inquiétant et surtout de maintenir un halo d'irréalité confortable. La notion du temps est chez lui tout à fait primordiale et très rapidement ressentie comme un angoissant goulot d'étranglement. Il aura toujours la crainte de ne pas parvenir à achever ce qu'il souhaite réaliser. Les années passant, il aura de plus en plus de mal à faire face à son âge, tant il se sent aspiré dans une perpétuelle fuite en avant.

« Je suis devenu un parfait outsider et je ne le regrette pas[12] », affirme-t-il en 1915. Ébranlé dans ses convictions, il traverse déjà très péniblement la Première Guerre mondiale et parvient à se réacheminer vers des horizons de création plus cléments. Dans les années 20, il connaît sa période la plus féconde, mais paradoxalement aussi la plus noire. Ses crises dépressives sont de plus en plus fortes et ne laissent personne indemne près de lui, surtout pas lui-même. Il tente de résoudre ses difficultés en partant en voyage, il donne des conférences, des lectures, rencontre des gens… Et contrairement aux années précédentes, il revient à peine revivifié ;

l'essor nécessaire, l'impulsion initiale commencent à lui manquer. Son désespoir, que les autres ne soupçonnent pas, le ronge comme un cancer. Les ombres envahissent sa vie, la détresse et la peur ne le quittent plus. Lui qui décrit si brillamment dans *La Confusion des sentiments* la confession d'un homme à la manière d'une quête psychanalytique est loin de pouvoir faire ce travail sur lui-même. Son héros est un être solitaire et mystérieux qui ne fait qu'échapper aux autres et à lui-même. « Or ici un homme se révélait à moi dans sa nudité la plus complète ; ici un homme déchirait le tréfonds de sa poitrine, avide de mettre à nu son cœur rompu, empoisonné, consumé et suppurant [13]. » Zweig qui, dès l'abord, a identifié le génie de Freud — alors que ce dernier n'était pas encore très connu — a échangé une longue correspondance avec lui, tout en jonglant avec des concepts qu'il a appliqués à sa méthode d'écriture.

Avant son exil, il avoue éprouver un besoin irrépressible de ne jamais s'ancrer quelque part, que ce soit dans ses relations ou même dans son travail. Dans un cas comme dans l'autre, cependant, il ne reste pas complètement à l'écart, mais entreprend et met en place les pièces du puzzle. En ce qui concerne son œuvre, s'il est vrai qu'il a longtemps hésité sur sa direction littéraire, il a continuellement écrit, malgré ses doutes et ses bifurcations. Dans ses tractations éditoriales, il a fait preuve d'un certain discernement, voire d'une grande habileté — ainsi ses amis écrivains, de Romain Rolland à Schnitzler, ont beaucoup fait appel à lui sur les conduites à tenir concernant des questions pécuniaires ou de droits à réclamer. Dans sa vie privée également, en dépit de ses tergiversations et de ses infidélités, il s'est engagé dans deux mariages.

Finalement les relations où il s'investit le plus sont ses amitiés. Il est présent, attentif, fidèle, extrêmement généreux. Il fait preuve de plus de chaleur dans ses lettres amicales que dans celles adressées à Friderike, sa femme. Il parvient même à se confier un peu. Pourtant, s'il est un ami pour ses amis, il n'est pas souvent payé de retour. Les propos tenus sur lui par les uns et les autres sont loin d'atteindre la même gentillesse ou le même enthousiasme. Pourquoi est-il tant critiqué alors qu'on ne peut le prendre en défaut sur ses sentiments bienveillants pour autrui ? Même Romain Rolland, avec lequel Zweig partage une longue histoire, prendra le parti de Friderike pendant leur divorce. Peut-être là aussi parce qu'on le prend toujours pour un autre, pour un homme habile, intrigant, qui sait tirer les bonnes ficelles, sûr de lui, séducteur… La liste serait longue, mais uniquement conforme extérieurement, car la réalité est tout autre. Stefan Zweig est un homme fragile, soumis à de grandes turbulences intérieures dont il ne sait se défaire. La question reste de savoir s'il a été dupe ou s'il ne voulait pas voir. Son suicide à Petrópolis au-delà de toute explication politique est aussi la conséquence de la solitude d'un homme loin de son monde et de ses amis. Certains de ses aînés tant admirés sont morts, d'autres se sont éloignés d'une manière ou d'une autre, il lui fallait recommencer complètement, retendre de nouvelles affinités spirituelles. Il ne s'en est pas senti capable.

Curieusement, Zweig n'a pas vu la montée du nazisme. Il ne se sent pas vraiment juif, ainsi qu'il s'en explique à plusieurs reprises dans sa correspondance, notamment avec Martin Buber qui publie, dès 1916, une revue intitulée *Der Jude* (« Le Juif »). « Je vous dirai seulement que conformément à ma nature, qui n'aspire qu'à la liaison et à la synthèse, je ne veux pas que le judaïsme soit une prison du sentiment, qui fasse obstacle à ma compréhension du reste du monde[14]. » À Romain Rolland, il prédit pourtant, dès 1915, que la tragédie juive ne fait que commencer. Après une perquisition dans sa maison de Salzbourg en 1934, il décide de s'installer à Londres, mais retourne encore à Vienne où il se rendra jusqu'en 1937. En 1939, il lance les démarches pour se faire naturaliser anglais et s'installe en 1941 au Brésil. D'année en année, il annonce que le pire reste encore à venir et se sent traqué. Son sentiment d'impuissance est total et il a toutes les difficultés pour se remettre au travail. Et pourtant, il refuse toujours de s'engager. Seul son livre sur Érasme aura pour tâche de traduire sa position sur le silence difficile qu'il a choisi.

Aujourd'hui, Stefan Zweig, qui avait été catalogué comme un simple auteur à succès, sort peu à peu de ce purgatoire pour prendre un nouvel essor.

Autour de lui volettent toujours des reproches sur ses procédés pointés comme faciles et mélangés à une psychologisation ténébreuse. Il est encore un peu suspect de légèreté, de manque d'engagement politique et de virtuosité superficielle, mais curieusement toujours aussi aimé et apprécié. Car il faut enfin le dire, les récits de Zweig fonctionnent à merveille et se lisent avec un incroyable plaisir. Maîtrise, panache, ainsi qu'une étonnante finesse de perception et d'analyse étincellent à chaque ligne. Si parfois le côté ampoulé et presque kitsch fait un peu déborder ses phrases, c'est pour être contrebalancé par un flux de narration aussi puissant qu'un torrent. Zweig n'a jamais été moderne, il n'a eu que faire des modes et des périodes, il a reconstitué un univers un peu trouble et agité, celui de nos émotions contradictoires, de nos palpitations nerveuses et ridicules, celui enfin d'une humanité forcément faible et émouvante…

L'enfance et la jeunesse

Jamais encore il n'avait été aussi près d'un mystère semblable[1]...

Stefan Zweig vient au monde le 28 novembre 1881. À Vienne où se sont installés ses parents, l'essor économique et démographique est foudroyant. L'une des plus éclatantes manifestations du programme de réhabilitation de la ville se traduit dès 1857 par la démolition des anciennes fortifications au profit de la construction de la Ringstrasse qui, comme son nom l'indique, prend la forme d'un grand boulevard circulaire. Cet embellissement, qui va entraîner des travaux sur plus de trente ans, devient grâce à la qualité de ses bâtiments et de ses espaces verts un symbole de l'urbanisme moderne et de la magnificence de la capitale. En 1873, l'Exposition universelle hisse Vienne au niveau de grande métropole dans le même sillage de modernisation qu'a connu Paris avec les transformations du baron Haussmann. En 1879 sont célébrées les noces d'argent du couple impérial (François-Joseph et Sissi). Le fastueux défilé de dévotion qui leur rend hommage est le témoignage de ce que la capitale de la Double Monarchie désire s'offrir à elle-même : l'expression magnifiée de son propre rôle. Cette glorification qui ne recule devant aucun effet est paradoxalement d'autant plus forte que l'unité de l'Empire s'affaiblit. Plus que jamais, les expressions artistiques ont une fonction de cache-misère. Car cet engouement pour les arts qui est décrit comme typiquement viennois se double d'une relative indifférence à l'évolution politique et sociale... la première découlant directement de la deuxième. De même, l'état d'esprit si particulier à la capitale danubienne — la fameuse *Gemütlichkeit* qui signifie « intimité », « bien-être » — se veut étranger à toute forme d'ennui ou de tracas : il s'agit de ne jamais ternir les distractions légères et les plaisirs aimables.

En 1890, la ville compte plus d'un million d'habitants, chiffre qui va doubler à partir de 1910. La population juive représente environ 10 % de ce chiffre. C'est à un journaliste allemand, Wilhelm Marr, que revient le triste privilège d'avoir « inventé » le terme d'antisémitisme en 1879. Ce dernier avait perdu son travail en raison de ce qu'il croyait être une intrigue qu'un Juif aurait ourdie contre lui. Il avait alors publié un pamphlet et, dans la foulée, avait cherché à constituer une ligue antijuive et à lancer un journal pour y développer ses idées. À Vienne sur ce sujet, l'opinion sera dominée dans ces années par deux personnalités aux tendances opposées : le premier, Karl Lueger

(1844-1910) qui va littéralement régner en tant que maire pendant treize ans sur la ville avec une forte orientation antisémite et le second, Theodor Herzl (1860-1904), qui, au contraire, va susciter l'espoir fou de la création d'un État juif.

Karl Lueger est élu bourgmestre en 1895 mais ne pourra accéder à cette fonction que deux ans plus tard ; en effet, l'empereur François-Joseph n'entérine pas tout de suite son élection et refuse de laisser le champ libre à cet homme qui prend ouvertement et bruyamment position contre les Juifs et les Magyars. Opportuniste parvenu, Lueger est avocat de formation et a trouvé dans la thématique antisémite son fond de commerce. Il dénonce ainsi dans le capitalisme un monopole juif et se fait le porte-parole de la classe moyenne que tous les spectres mélangés du progrès et de la modernité effraient. Parallèlement, ainsi que l'explique l'historien américain William M. Johnston[2], il devient le « pionnier du socialisme municipal que les sociaux-démocrates devaient développer dans les années 20 ». Il fait édifier bâtiments scolaires, hospices, hôpitaux, et met sous contrôle municipal une banque d'épargne, une caisse de retraite et enfin une société d'assurance-vie. De belle prestance, il sait comme un vrai virtuose de la propagande haranguer et charmer, manipuler et séduire. Il n'oublie pas aussi de jouer sur la fibre locale en s'exprimant en dialecte viennois, ce qui le met à la portée de tous.

De son côté, Theodor Herzl est feuilletoniste en chef du seul journal autrichien dont la renommée a dépassé les frontières, la *Neue Freie Presse*. Il est également docteur en droit et s'est essayé à l'écriture en tant qu'auteur de comédies. Correspondant de son journal à Paris, il a vécu le déferlement antisémite de l'affaire Dreyfus. Décidé à se battre pour les droits juifs, Herzl fait paraître en 1896 *L'État juif*, puis un an plus tard le journal *Le Monde juif*. Son idée assez simple est en même temps complètement révolutionnaire : créer un État-refuge en Palestine pour tous les Juifs souffrant des pogroms et des persécutions. Il passe également pour un homme de prestance dont le port altier ne peut être entamé par ses détracteurs.

À Vienne en effet, la situation des Juifs est plus que sensible, ainsi que le rapporte Arthur Schnitzler : « En public, il n'était pas possible pour un juif de faire abstraction du fait d'être juif. Car les autres non plus ne le faisaient pas, ni les chrétiens, et encore moins les autres juifs. On avait le choix entre deux façons d'être considéré : insensible, importun, impertinent, ou alors susceptible, timide et paranoïaque [3]. » Le jeune Stefan Zweig, dont la première publication se fait dans la *Neue Freie Presse* grâce à l'appui du même Herzl, n'a pas la même approche que Schnitzler.

Dans son autobiographie, il affirme même que l'accession de Lueger au pouvoir malgré son antisémitisme déclaré ne change en rien l'administration de la cité qui demeure « irréprochablement juste et même d'un esprit démocratique exemplaire [4] ». Zweig grandit dans une société où tout, d'après lui, tend à être nivelé grâce à la prédominance des arts. Une forme d'échappatoire exemplaire qui permettrait une nouvelle distribution des rôles, les artistes et les intellectuels étant les piliers parfaits de cet ordre ré-idéalisé. De fait, cette période autour de la naissance et de l'enfance de Zweig suit les méandres d'une poussée de la vie culturelle que sous-tendent des progrès de différentes natures. Le critique musical Max Graf, ami de Freud par ailleurs, confirme ce point de vue sur cette période brillante : « Nous jouissions de cette ville splendide et si élégante, et n'avons jamais pensé que la lumière qui l'illuminait pouvait être celle d'un coucher de soleil coloré [5]. » Les prophètes de la catastrophe, les annonceurs de l'Apocalypse joyeuse et de l'effondrement de l'Empire ne se recrutent pas encore dans ces années où l'architecture fastueuse, l'apparition d'une certaine idée de l'agrément semblaient faire de Vienne un creuset rêvé.

La famille de Stefan Zweig se range donc dans la grande bourgeoisie juive. Du côté paternel, le grand-père Hermann Zweig (1807-1884) est un commerçant de produits manufacturés en Moravie. Il appartient déjà à une communauté juive progressiste. Élevé dans la langue et la culture allemandes, son fils Moritz Zweig (1845-1926), le père de Stefan, ouvre dans le nord de la Bohême, à Reichenberg, une fabrique de textiles. Son affaire prospère, sans recours aux spéculations ni au crédit d'aucune sorte, ce dont il tirera toute sa vie une grande fierté, tout comme celle de n'avoir jamais rien demandé à personne. Prudent et raisonnable, il mise sur un réinvestissement régulier et sur le long terme, « *safety first* », proclame-t-il. Ce qui va avec son caractère effacé et jamais porté sur l'ostentation, bien que sa fortune amassée devienne considérable. Dans cette même perspective, il ne briguera jamais les honneurs, préférant la discrétion en tout point. Stefan Zweig pense avoir hérité de ce trait, lui-même ayant toujours refusé les titres ou les présidences de toutes sortes, ainsi que la faculté d'un certain détachement envers les besoins matériels. En 1915, il note dans son Journal, au jour de l'anniversaire de son père, qu'il comprend parfois le vieil homme bien qu'il n'ait pas envie de lui ressembler. S'il est réservé, Moritz Zweig est néanmoins un homme cultivé, il parle très bien anglais, français, et joue parfaitement du piano.

Du côté maternel, les Brettauer sont originaires d'Allemagne et s'installent tout d'abord dans le Vorarlberg où ils fondent une banque. Samuel Brettauer, le grand-père (1816-1879) s'établit de son côté à Ancône, dans le sud de l'Italie où il vivra une vingtaine d'années. Là aussi, le succès commercial est au rendez-vous, car la banque familiale compte le Vatican parmi ses clients. La mère de Stefan Zweig, Ida Brettauer (1854-1938), naît donc en Italie, ce qui lui confère la grande fierté de venir d'une filiation internationale. Sa famille s'enorgueillit en effet de ce cosmopolitisme, où différentes langues et cultures se croisent. Chaque membre est élevé avec la conscience de savoir « tenir son rang ». Son père décide de venir s'établir à Vienne où il achète une grande maison face au musée d'Histoire de l'Art en construction sur le Ring. Ida Brettauer épouse alors Moritz Zweig, union tout à fait convenable, bien que le rang familial de la jeune mariée soit considéré comme plus élevé que celui du mari.

Naissent Alfred Zweig (1879-1977), puis deux années plus tard Stefan Zweig. Les deux tempéraments parentaux semblent assez éloignés l'un de l'autre, le père restant toujours très modeste et austère, tandis que la mère, coquette et mondaine, est plus attentive aux codes de la société. Elle aime les toilettes et les frivolités, imposant parfois à ses deux fils des tenues vestimentaires soumises aux caprices de la mode. Les reconnaissances sociales passent pour elle par d'autres valeurs que celles prônées par son mari. Elle fait preuve d'un certain snobisme et rappelle qu'elle est issue d'une bonne famille. Dans sa nouvelle *Destruction d'un cœur*, Stefan Zweig dépeint la souffrance terrible d'un vieil homme qui comprend à quel point il s'est usé à gagner de l'argent pour sa femme et sa fille que l'étourdissement des plaisirs a fini par éloigner de lui. « La distinction ! La distinction !… Elles riaient de moi lorsque je les mettais en garde contre leurs airs affectés, contre la "fine" société qu'elles fréquentaient[6]… » Si la charge est assez excessive dans ce récit, on peut sans peine imaginer que le père de l'auteur s'est parfois exaspéré devant les lubies vaniteuses de sa femme.

Le train de vie de la famille Zweig ne semble pas refléter sa grande aisance financière. Un premier appartement au numéro 14, Schottenring, puis un deuxième plus grand encore au 17 de la Rathausstrasse, s'ils se situent tous deux dans de très bons quartiers, ne s'en font certes pas l'exceptionnelle vitrine. Les grandes pièces de réception qui contiennent des meubles protégés par des housses ne sont que rarement utilisées et les enfants ne disposent pas de chambres individuelles. Si les parents vont quelquefois dans de bons restaurants, les enfants sont cantonnés avec leur bonne dans de simples auberges. Pour les vacances d'été, le choix se porte certes sur la villégiature à Marienbad, mais le voyage se fait en deuxième classe. De petites restrictions qui se font plus l'écho d'une éthique que le reflet d'une situation réelle. Zweig adulte ne suivra pas le même chemin, privilégiant le confort matériel sans jamais miser sur la prudence ou les calculs à long terme…

Le couple parental correspond à une répartition des rôles assez usuels, le père est attentif à l'éducation des enfants, tandis que la mère reste dans un registre plus futile ; le tout établissant une coupure entre le monde des enfants d'un côté et celui des adultes de l'autre. Des deux, seul le père montre un attachement réel à ses fils, allant jusqu'à les veiller quand ils sont malades. La conduite de la mère a vraisemblablement été affectée par deux maux dont elle a souffert : d'une part une ménopause précoce et de l'autre une surdité progressive. Dans un cas comme dans l'autre, la manifestation symbolique d'un vieillissement trop rapide.

Stefan Zweig a par la suite cherché dans ses deux

mariages un modèle de femme maternelle, compatissante et accueillante. Ce que sa mère n'a pas su ou pas voulu être pour lui.

Depuis sa naissance, la grand-mère Brettauer vit aussi avec eux, et bien qu'il en parle très peu, le jeune garçon est proche d'elle. Stefan est connu pour ses crises de colère, et ses jeunes années ont dû ressembler à ce qu'il a décrit dans la nouvelle *Brûlant Secret*. Edgar, le héros d'une douzaine d'années « ne paraissait jamais garder la mesure ; il parlait de chaque personne ou de chaque objet soit avec enthousiasme, soit avec une haine si violente qu'elle tordait son visage et lui donnait presque un aspect méchant et hideux[7] ». Le récit n'est certes pas complètement conforme à la réalité qu'il a pu traverser en tant qu'enfant, mais de nombreux traits, surtout dans ce registre diffus de la sensibilité, sont plus que reconnaissables. Le héros se retrouve en cure seul avec sa mère, une belle femme distinguée qui s'abandonne à une amourette de passage. Le petit s'en rend confusément compte et se sent dupé, principalement parce qu'il est maintenu à l'extérieur d'un secret qui lui échappe. Pourquoi ces deux adultes lui mentent-ils, pourquoi sa mère semble-t-elle tellement transformée ? Il ne comprend pas tous ces changements autour de lui. Désespéré, il finit par s'enfuir pour prendre le train et se réfugier chez sa grand-mère. Sa fugue va non seulement ramener sa mère à la raison, mais aussi lui faire retrouver sa sérénité d'enfant, avec une forme de maturité en plus, une ouverture au monde tel qu'il a pu se dévoiler un instant à lui. Quelques scènes le montrent s'opposant vigoureusement à sa mère qui veut le forcer à écrire une lettre d'excuse ou qui se moque légèrement de lui. Il est toujours tressaillant d'émotion et de nervosité, indécis dans son comportement comme dans son rapport avec les autres. Un enfant justement.

D'autres nouvelles se concentrent sur ce même thème, ceux de l'innocence bafouée, de la désillusion et de la peur d'affronter tous les fantômes réels ou imaginaires de la vie. Zweig les a rassemblées en 1911 alors qu'il a trente ans, sous le titre *Première expérience. Quatre histoires du pays des enfants*. Ce recueil contient donc *Brûlant Secret*, *Conte crépusculaire*, *La Gouvernante* et *Le Jeu dangereux*, avec pour matière commune le franchissement de l'enfance par une épreuve plus ou moins aisée. Dans le *Conte crépusculaire*, un adolescent connaît un intense émoi amoureux pour une jeune femme qui s'offre à lui dans la nuit sans qu'il sache qui elle est vraiment. *La Gouvernante* raconte le suicide de cette dernière, repoussée par le jeune homme de la maison quand elle lui apprend qu'elle est enceinte de lui. Les deux fillettes dont elle s'occupe et qui sont les sœurs de son amoureux découvrent avec terreur son chagrin, puis l'établissement des codes qui refoulent la jeune femme hors de leur monde. Enfin, *Le Jeu dangereux* relate comment un vieil homme envoie, par désœuvrement, des lettres d'amour anonymes à une jeune fille ingrate qui s'ennuie et qui s'éveille ainsi comme une superbe chrysalide au monde. Il tente ensuite de lui trouver un amoureux plus plausible et de forcer ainsi le destin, mais la réalité se rappellera à tous. Craintes confuses, tremblements douloureux, regards impénétrables... les réveils sont difficiles. « De l'heureuse sérénité de leur enfance, elles sont comme précipitées dans un abîme », les fillettes qui discernent le malheur injuste de leur gouvernante ont vu la fin de leurs rêves et sont brusquement entrées dans la vie « qui leur apparaît sombre et menaçante comme une forêt ténébreuse qu'elles seront obligées de traverser [8] ».

Zweig fait précéder ce même recueil par un sonnet intitulé « Ô Enfance, étroite prison » où il évoque ses pleurs, ses désirs et sa folle impatience. Il dédie d'ailleurs l'ensemble de cet ouvrage à une femme avec laquelle il va entretenir une longue correspondance, Ellen Key (1849-1926), une célèbre pédagogue suédoise. Comme le rapportera plus tard sa femme, Friderike Zweig, il a été un enfant souvent révolté, ce qui lui a laissé le désir d'une inextinguible soif de liberté. Ainsi adulte, il a toujours eu du mal à supporter les cols durs, symboles d'une emprise parentale désagréable. Les tensions familiales ont été réelles et lui ont laissé dans ses réactions envers sa mère un certain recul ironique dont il aura du mal à se défaire.

Zweig enfant a été entouré de gouvernantes, et de sa mémoire n'émergent que des impressions plutôt floues, pas vraiment heureuses. Il parle assez peu de son frère aîné avec lequel il ne semble pas vraiment partager d'intérêts communs. Quelques promenades au parc tout proche lui font connaître son tout premier chagrin d'amour. Au Prater, il aura un jour l'honneur d'être remarqué par la princesse impériale Stéphanie qui s'arrête devant ce petit garçon fin et si bien habillé pour bavarder quelques instants avec lui.

L'éducation passe tout d'abord par l'école élémentaire publique, qui se trouve proche de la maison, puis par le lycée, le Maximilian Gymnasium. Dans une lettre écrite à Hermann Hesse en 1905, il explique que ses souvenirs sont loin d'avoir une « clarté pure et tranquille[9] ». C'est plutôt l'ennui qui prévaut, ainsi qu'une pesanteur due au morne enchaînement de ces années studieuses qui semblent ne jamais finir. Même s'il est un bon élève, il se sent contraint de vivre dans un moule impersonnel et froid. Il est vrai que son éducation scolaire se situe aux antipodes des théories défendues plus tard par son amie Ellen Key qui préconise la liberté individuelle tout comme la capacité de découvrir des chemins nouveaux, ce qu'elle appelle en bref « l'idéal de l'harmonie » (« une paisible harmonie représente l'équilibre entre altruisme et égoïsme[10] », explique-t-elle). L'emploi du temps est lourd, la discipline rigoureuse et monotone, chaque élève devant apprendre selon un schéma rigide que ne peut venir troubler aucun changement. Zweig condamne l'aspect aride des programmes, appliqués sans intérêt particulier ni encouragement d'aucune sorte. Les élèves ne sont jamais considérés d'un point de vue individuel, les visages des uns et des autres montrent la même dépersonnalisation, la même morosité, voire une totale désaffection. Il faut juste travailler sans poser de questions et surtout ne pas troubler l'ordre établi. Tout comme le professeur face à eux n'est là que pour laminer toute résistance et modeler les esprits sans créer un seul espace personnel.

Dans son autobiographie, Zweig évoque le monde dans lequel il baignait alors, un système social prônant des valeurs de sécurité, analyse-t-il, avec à sa tête un vieil homme, l'empereur, garant de tout. La jeunesse n'y a aucune place, ni dans l'expression, ni dans le tempérament, ni même dans l'allure. Il faut que les jeunes courbent l'échine et qu'ils se vieillissent pour paraître un peu plus crédibles. La gaieté, le rire, les sentiments emportés… tout ce qui caractérise cet âge doit se mettre au pas et s'effacer devant les valeurs comme le sérieux, la dignité et tout ce fatras qui n'appartient normalement pas à ces années.

> Cette raideur se marquait déjà extérieurement dans l'architecture du lycée, construction utilitaire typique… Aujourd'hui encore, je ne puis oublier cette odeur de moisi et de renfermé qui adhérait à cette maison comme à tous les bureaux de l'administration autrichienne et qu'on appelait chez nous l'odeur « officielle », cette odeur de pièces surchauffées, surpeuplées, mal aérées, qui s'attachait d'abord aux vêtements et finalement à l'âme [11].

Cela touche à l'essence mais aussi à l'apparence, car les hommes doivent porter une redingote noire, une barbe, et arborer même un léger embonpoint pour être respectables. De même, ils ne peuvent être appelés à de grandes fonctions qu'avant d'avoir atteint un certain âge. Mahler nommé directeur de l'Opéra impérial à trente-huit ans fait figure d'exception et crée l'événement dans un petit renversement idéologique qui bouleverse les habitudes.

Tout Vienne est régi par les manies de l'empereur, qui donne l'exemple. Il se lève très tôt le matin, avant 5 h, passe toute sa journée au bureau et ne se couche jamais plus tard que 23 heures. Il se déclare opposé en vrac à toutes les nouvelles techniques, comme le téléphone, les automobiles, les lumières électriques... autant d'éléments perturbateurs plutôt qu'annonciateurs, comme s'il s'épuisait à retenir ce qui avait été et ne pouvait plus être à nouveau. L'empire s'effiloche et se déchire et François-Joseph s'obstine à le rapetasser. Il ne fait que rappeler un certain nombre de codes qui ont pour mission de rester parfaitement à leur place, dans une stratification immuable. Sur son lit de mort, alors qu'on a fait appeler le médecin en plein milieu de la nuit, l'empereur trouve encore la force de renvoyer le pauvre diable chez lui car sa tenue n'est pas suffisamment correcte. Comme l'expression d'un avertissement nécessaire, il a été entouré par des personnalités excessives dans sa propre famille. Sa femme tout d'abord, la légendaire Sissi qui use sa mélancolie à sillonner différents pays et qui sera finalement tuée par un anarchiste italien à Genève en 1898 ; son fils

Rodolphe qui se suicide à Mayerling en compagnie de Marie Vetsera, une baronne à demi grecque ; enfin son frère Maximilien assassiné au Mexique... À tout cela, François-Joseph oppose le fatalisme de sa fameuse phrase : « rien ne me sera donc épargné ». « L'Autriche était un vieil empire régi par un vieillard, gouverné par de vieux ministres, un État qui, sans ambition, espérait uniquement se maintenir intact dans l'espace européen en se défendant de tout changement radical [12] », constate Zweig.

Et tout à coup pour le jeune homme se produit le vrai miracle. Face à cette oppression et cette lourdeur s'offre une ville pleine de possibilités, d'où jaillissent à profusion de nouveaux plaisirs, la musique, le théâtre, les musées, les bibliothèques... des lieux où le savoir se fait un peu plus suggestif et enthousiasmant. Les cafés également jouent les passeurs en facilitant les rencontres, avec des discussions qui vont bon train et des lectures ouvertes sur mille et une perspectives. Zweig décrit ainsi l'un de ses héros dans une nouvelle :

> Les livres n'avaient pas menti. C'était ici que se trouvait la vérité de toutes ces aventures dont il lui arrivait souvent de douter parce qu'il n'y avait pas accès, là était le monde qui, sinon, restait tapi dans le silence des maisons, là se trouvait le destin, l'imprévu [13]...

Avec ses comparses, Zweig se jette à corps perdu sur ces chemins inédits ; finissant par écumer toute la ville, si bien que dans le flot de leurs recherches, aucun philosophe ou poète ne leur échappe. Évidemment entre eux, les jeunes lycéens préconisent tout ce qui peut fleurer un parfum différent, passionné ou excentrique. Rilke ou Stefan George, qui sont encore édités à très faibles tirages, sont acclamés et chacun récite pour soi ces vers merveilleux et si singulièrement modernes. Toutes les revues de littérature et d'art passent infailliblement dans leurs mains. C'est ainsi qu'à dix-sept ans, en 1898, Zweig a déjà lu des poèmes de Paul Valéry, par la seule grâce d'un périodique littéraire très confidentiel. Ce dernier s'en étonnera quand beaucoup plus tard Zweig le lui racontera, car sa première publication livresque sera bien plus tardive, puisqu'elle date de 1916. Mais c'est bien dans le droit-fil de cet intérêt effréné pour toutes les nouveautés en provenance aussi bien de l'empire que des pays avoisinants...

Pour les jeunes, le Burgtheater est aussi un lieu de culte suprême. Ce théâtre impérial, qui a été fondé par Marie-Thérèse en 1741, est l'institution révérée par excellence. Exaltés, les jeunes adorateurs applaudissent à tout rompre et lancent aux acteurs des roses du haut de la quatrième galerie. Ils repèrent le valet de chambre de l'un, le cocher de l'autre à qui ils font une cour assidue et vont jusqu'à se faire couper les cheveux chez les mêmes coiffeurs que les comédiens... . Lorsqu'en 1888, le vieux théâtre doit fermer ses portes afin d'être reconstruit, chacun se précipite pour emporter des bouts de planche qui deviendront ainsi de véritables reliques pendant plusieurs générations. Elias Canetti raconte dans ses mémoires comment ses parents se sont rencontrés et épris l'un de l'autre, par le biais de leur amour pour les pièces qui étaient jouées dans ce théâtre. Ce en quoi ils ne sont pas différents du reste de la population, car Zweig affirme qu'être Viennois ne va pas sans cet amour immodéré de la scène. Comme le triomphe symbolique d'une société en représentation permanente, un concentré parfait de la ville en miroir, elle-même toile de fond d'une esthétique théâtrale. « C'était le microcosme reflétant le macrocosme, le miroir où la société contemplait son image bigarrée, le seul véritable Cortegiano du bon goût... Le président du Conseil, le plus riche magnat pouvaient passer par les rues de Vienne sans que personne se retournât ; mais chaque vendeuse, chaque cocher de fiacre reconnaissaient un acteur du Théâtre ou une chanteuse de l'Opéra[14] », rappelle Zweig. La monomanie, le fanatisme font partie de cette atmosphère excitante. Zweig a l'honneur un jour d'être présenté au grand Brahms qui lui tapote amicalement le dos, ce qui plonge le jeune homme dans une transe immédiate.

Dans son autobiographie où il raconte ces péripéties, ce n'est plus tant l'absurdité de ces élans juvéniles dont il se souvient, mais plutôt ce qui les sous-tendait alors. Car cela ne se cantonne pas uniquement au registre superficiel de l'admiration des célébrités, mais entraîne aussi, par ricochet, un niveau élevé de connaissances, et finit par imposer une terrible exigence qu'il s'agisse de la programmation ou de l'exécution. Ce n'est sans doute pas un hasard si tant d'interprètes remarquables, des compositeurs et des musiciens grandioses se sont épanouis durant cette période... Tous ces jeunes passionnés dont Zweig faisait partie ont aiguisé un tel esprit critique qu'ils reconnaissent immanquablement les productions de qualité. Tout voir, tout entendre, tout comprendre... C'est dire le déferlement, l'exaltation de ces jeunes années...

Le poète qui renverse toutes les données, c'est le très jeune Hugo von Hofmannsthal, connu alors sous le pseudonyme de Loris. Il est encore lycéen quand son nom commence à circuler. Hermann Bahr a raconté à Zweig comment le jeune prodige en culottes courtes s'était présenté à eux, la génération de la Jung Wien, dont lui-même, Arthur Schnitzler, Richard Beer-Hofmann réunis alors au célèbre café Griendsteidl. Apparemment maladroit, le jeune garçon de seize ans va ensuite lire ses vers et laisser l'assistance pantoise devant leur cisèlement parfait et musical. Pour les plus jeunes comme Zweig, il apparaît au-delà de ses seules prouesses, comme un météore, une incarnation de la poésie même. « Je ne saurais exprimer à quel point nous fascinait un tel phénomène, nous qui étions éduqués à apprécier les valeurs. Car enfin, que peut-il arriver de plus enivrant à une jeune génération que de savoir près d'elle, au milieu d'elle, en chair et en os, le poète-né, le poète pur, le poète sublime[15]... », explique Zweig. Lorsqu'il sera lui-même âgé de seize ans — il est de sept ans son cadet — il aura l'occasion de venir l'écouter donner une conférence sur Goethe. Il est alors surpris de voir que la salle est si petite et ne contient pas plus de cent cinquante auditeurs. Preuve encore éclatante de l'avant-garde de ces lycéens, car Hofmannsthal est encore loin d'être connu du public. Il est pour eux un modèle absolu, un phare poétique et leur permet ainsi d'aborder sans crainte leur propre créativité, leurs propres compositions lyriques ou musicales... Car ces talents précoces commencent à publier dans des revues, souvent encouragés par quelques écrivains bienveillants...

Cette ferveur les écarte toutefois de toute activité sportive, de tout rapport à leur corps. L'argent qui est alloué au jeune Stefan pour la danse ou le patinage est immédiatement utilisé pour l'achat de livres ou de billets de théâtre. Impossible pour lui de perdre du temps dans autre chose que dans son domaine de prédilection. Il lui en restera, comme il le rapporte ensuite, une certaine maladresse physique et surtout une royale incompétence dans tout le domaine sportif. La sexualité est tout aussi refoulée. Car pour la société de l'époque, toutes ces questions sont tues et les aventures ne peuvent être vécues que cachées, ne devant surtout pas attirer l'attention. Les corps sont bridés, chaque sexe se cantonnant au rôle qui lui est dévolu. Le jeune Zweig n'est pas encore attentif aux demoiselles qui lui paraissent étrangères et, à vrai dire, peu intéressantes.

C'est aussi ce que veut l'époque : Otto Weininger publie en 1902 sa thèse « Sexe et caractère ». En dehors de ses théories sur ce qui formerait une bisexualité congénitale chez chacun, il affiche également une souveraine misogynie. Zweig a raconté plus tard à quel point il avait raté une vraie rencontre avec ce dernier qu'il ne connaissait que de vue. Ils n'avaient pas été présentés l'un à l'autre et s'étaient contentés de se croiser à l'université. Un an plus tard, en 1903, Weininger se suicide. Il n'a que vingt-quatre ans et son acte apparaît symptomatique pour cette génération tournée vers les connaissances intellectuelles, sacrifiant tout sentiment et tout plaisir.

Zweig est lui aussi un talent précoce. À quinze ans, il publie ses premiers poèmes dans *Die Gesellschaft* (« La Société ») à Munich, revue qui veut affirmer sa modernité. Il prend plusieurs pseudonymes, celui d'un certain Ewald Berger, puis encore celui de Lizzie, puis de Lisa Braunfeld, une jeune femme dont il est dit qu'elle serait morte à vingt ans en laissant différents textes. Ses titres sont assez évocateurs, *Impressions musicales*, *Nuit de fièvre*, *Boutons de rose*… C'est en 1898, alors qu'il a dix-sept ans, qu'il se décide à signer simplement Stefan Zweig. Il a entrepris de correspondre avec différents interlocuteurs de revues allemandes et non des moindres, ainsi *Die Zukunft* (« L'Avenir ») ou *Deutsche Dichtung* (« Poésie allemande »), toutes les deux éditées à Berlin… Dans cette dernière, il aura publié pour la seule année 1900 pas moins d'une vingtaine de poèmes. L'une de ses premières lettres adressées au directeur de cette même revue, Karl Emil Franzos, montre la personnalité d'un jeune homme qui fait preuve, au-delà d'une certaine naïveté, d'un vrai savoir-faire. Zweig mentionne ainsi la collection de manuscrits qu'il a commencée et lui propose de mettre certains exemplaires à sa disposition (Franzos est collectionneur lui-même). Son assurance ne l'abandonne pas plus quand il demande l'avis de son interlocuteur sur certains de ses textes, car, comme il l'explique, il ne veut pas perdre de temps à les proposer d'une revue à l'autre... Il cherche également à glisser ses nouvelles, genre qui correspond au goût de l'époque. Il voudrait voir ses travaux couronnés par une vraie édition et non par une publication à compte d'auteur « car je préfère ne pas être lu du tout que d'être lu par des filles de pasteur et des provinciaux en mal de poésie », tout en reconnaissant avec un sens de l'autocritique plutôt aigu qu'il n'est peut-être pas tout à fait là encore où il devrait...

> À dire vrai, je ne publie que pour me pousser à travailler et pour ne pas rester un dilettante. Ce n'est vraiment pas par goût de la célébrité : je suis convaincu d'avoir au mieux un peu de talent pour les esquisses ou pour les poèmes, mais aucune originalité, et d'être toujours un peu influencé par mes lectures d'adolescent [16].

Il triche un peu sur son âge et se place — mais ceci ne changera pas vraiment avec les années, ni avec le succès — dans la position subalterne de l'admirateur inconditionnel. « Mon vénéré maître », écrit-il au même Franzos. Une attitude qui ressemble à son regard, à la fois incisif et présent, mais tout aussi empreint d'inquiétude et de nervosité…

Il a donc démarré une collection d'autographes de personnages qu'il admire, puis de manuscrits et d'originaux de poèmes, de textes ou encore de partitions. À Franzos, il affirme être en possession d'une lettre de Goethe et d'un billet de Beethoven. Ces deux noms forment d'ailleurs un nœud central dans sa vie, Goethe revenant souvent en tant que modèle absolu, tout comme Beethoven dont il va pouvoir acquérir plus tard le bureau. Désormais, il sera un chasseur de manuscrits, à la recherche de réponses que pourraient lui donner les premiers jets avec leurs ratures et leurs corrections… tout l'échafaudage d'une œuvre qui se révèle dans sa nudité flamboyante. Il possédera de très belles pièces — plus de quatre mille… —, qui feront sa joie et sa fierté.

Dans les dernières années du siècle, Zweig a réussi à publier entre cent cinquante et deux cents poèmes dans différents journaux et revues. Il décide alors d'en réunir certains, une cinquantaine, qu'il rassemble sous le titre de *Cordes d'argent (Silberne Saiten)* et qui paraissent en 1901 chez Schuster & Löffler, un éditeur de prestigieux auteurs contemporains dont Liliencron ou Richard Dehmel. En 1901, le livre sort avec une dédicace à ses parents et est très bien accueilli : les mérites virtuoses et poétiques de cette première œuvre sont vantés. Le musicien Max Reger met même en musique deux de ses poèmes (opus 97 et 104). Stefan Zweig est désormais estampillé jeune talent viennois. Mais lui s'en satisfait si peu qu'il se refusera à leur republication. Il indiquera même plus tard qu'il trouve cette poésie trop vaniteuse et trop soumise au plaisir des mots.

La même année, fort de ce succès, il fait preuve d'une plus grande témérité encore, car il se décide à soumettre un texte au grand chantre de la *Neue Freie Presse*, l'organe de presse qui fait autorité sur tout ce qui se passe à Vienne et qui peut faire ou défaire le succès d'un livre ou d'une pièce. Dans ces dernières années, seul le prodige que représentait le jeune Hofmannsthal était parvenu à y publier ses textes. Stefan Zweig, qui n'a pas encore vingt ans, se dit qu'il n'a rien à perdre et, un jour, se fait annoncer auprès de l'incontournable Theodor Herzl, celui-là même qui a défrayé la chronique avec ses idées sionistes et que le polémique Karl Kraus a surnommé le « roi de Sion ». Imposant et presque seigneurial avec sa longue barbe noire, Herzl le reçoit dans son bureau, lit son texte devant lui et... l'accepte. « Cela paraît en soi un petit épisode sans importance, mais il faut être viennois, et viennois de cette génération, pour comprendre quelle brusque ascension cette faveur représentait pour moi[17] », souligne Zweig.

Désormais, le regard sur lui change du tout au tout. Le jeune homme délicat qui griffonnait dans son coin et qui ne semblait que rêver a atteint le statut glorieux de l'écrivain. Le verdict de la *Neue Freie Presse* le place sans conteste dans le panthéon de ceux qu'il convient d'admirer. D'autant que ses parutions vont devenir régulières, comme pour confirmer l'irrésistible nécessité d'une œuvre à venir.

La famille ne va pas jouer de rôle répressif sur ses futures orientations. Il est depuis toujours admis que l'aîné, Alfred, va reprendre l'entreprise familiale. Ce dernier aurait souhaité faire des études de médecine, mais cela ne sera pas entendu, tant la pression familiale se porte sur le premier fils. Le second se doit plutôt d'apporter quelque chose de plus honorifique, comme un titre universitaire… Il n'a pas à choisir un métier afin de subvenir à ses besoins, la fortune familiale le mettant suffisamment à l'abri de ce genre de problèmes. Zweig s'inquiète tout de même de l'espace de liberté qu'on va lui laisser sur son désir d'embrasser une carrière littéraire qui n'est pas tout à fait considérée comme une profession à part entière. Mais ce ne sont que des craintes de jeune homme qui hésite encore un peu lui-même sur le cours de sa vie.

Matériellement, Zweig va toucher de l'argent sur l'héritage de sa grand-mère, puis il recevra du côté maternel une sorte de rente. S'il est loin d'être nécessiteux, il garde un état d'esprit qui le range plus du côté des artistes que des bourgeois. Pourtant, il souhaite obtenir un vrai succès, pas seulement de réputation, mais aussi financier, de façon à asseoir définitivement sa position aux yeux de sa famille. Cela restera toujours une chose épineuse pour lui : Zweig s'est évidemment senti légitimé par ses ventes de livres, mais a fini par ne plus vouloir de cette étiquette qui l'éloignait d'un gage de qualité...

Pour répondre aux premières exigences familiales, il choisit donc des études de philosophie, avec l'histoire et les langues romanes en disciplines complémentaires. La raison de ce choix n'a rien à voir avec une passion particulière, mais plutôt avec le fait que les cours et les séminaires « étaient ceux où l'on pouvait le plus facilement éviter de paraître. Tout ce que l'on demandait, c'était de présenter une thèse et de passer quelques examens à la fin du huitième semestre », explique-t-il. Il fixe alors ses échéances de la manière suivante : tout sera repoussé sur la dernière année où il rattrapera ses cours afin d'écrire une thèse « quelconque ». En attendant, il a toute latitude de lire, d'écrire et de « pousser (s)es efforts artistiques dans une pleine liberté [18] ».

Il quitte le domicile familial pour s'installer dans plusieurs chambres successives, toutes situées dans le VIIIe arrondissement de Vienne, dans le quartier de Josephstadt. Ses journées s'organisent autour du travail, il profite enfin de son temps et de l'absence de contraintes. Il commence aussi à entretenir de nombreuses correspondances, ce qui restera une habitude toute sa vie. Dès 1903 (il a vingt-deux ans), il écrit à Hermann Hesse. Il lui dit croire à une sorte de « cercle secret des mélancoliques », celui-là même auquel l'auteur danois Jens Peter Jacobsen fait allusion dans son livre *Maria Grubbe* (un des auteurs préférés et vantés par Rilke). Dans cette réunion de sensibilités, il existerait des affinités spirituelles qui aboliraient les barrières habituelles. Un peu plus loin, il évoque l'importance de ses amis pour lesquels il se veut présent. Il les mentionne souvent dans d'autres lettres et cite Camill Hoffmann (traducteur de Baudelaire), Hans Müller, Ernst Benedikt un ami du lycée qui, plus tard, reprendra la direction de la *Neue Freie Presse*... Tous sont des littérateurs convaincus et passent du temps ensemble à discuter littérature ou à aller au musée. Parallèlement, Zweig lance des idées de collections où lui-même souhaite intervenir sur des textes en langue française, notamment sur leur sélection. Il est bouillonnant de projets, prêt à utiliser son temps de la manière la plus pleine possible. Déjà, chez ce tout jeune homme, apparaît une grande impatience devant les journées qui ne font que vingt-quatre heures, ainsi que la frustration de ne pas pouvoir accomplir plus et de devoir tout de même céder devant quelques fonctions naturelles, comme le sommeil (il se limite à six heures!). Vienne se résume encore à quelques cafés où il se rend, dont le Beethoven et le Rathaus. Un ami, Victor Fleischer qui lui rend visite en 1902, le décrit ainsi :

> Il vivait maintenant dans un cercle d'amis de son âge avec lesquels il pouvait passer des heures à bavarder dans des cafés mais il lui arrivait de disparaître brusquement pendant plusieurs jours ou plusieurs semaines lorsque ses études universitaires ou des travaux personnels lui rendaient importuns tout contre-temps ou distraction. Cette vie modeste n'était pas le fait de la parcimonie ou du mépris du confort. Il aimait ses aises

mais plaçait au-dessus des agréments de la vie quotidienne l'absence de contrainte et le sentiment de sa liberté personnelle [19].

Pourtant, il va se rendre compte que ce mode de vie comporte encore trop d'obligations et se décider à quitter sa ville natale. Vienne restera toujours un épicentre émotionnel qui va le former, mais dont il se défendra et se protègera en même temps. Dans le cours de sa vie où vont s'organiser de nombreux voyages, il va longtemps garder un pied-à-terre dans la capitale. Et quand enfin, il vivra à Salzbourg, ses parents restés à Vienne, puis sa mère seule dans l'appartement familial seront pour lui un fort point d'ancrage. Sa mère qui, complètement sourde, vivra jusqu'en 1938, va être un douloureux rappel des événements politiques, puisqu'elle sera en butte aux humiliations nazies malgré son grand âge. À quatre-vingt-quatre ans, il lui sera ainsi interdit — à elle comme à tous les autres Juifs — de s'asseoir même pour un instant sur les bancs du parc lors de ses promenades quotidiennes. Son fils sera soulagé qu'elle disparaisse et ne doive pas assister plus longtemps au brutal et effroyable déclin de sa culture et de son pays.

Le jeune poète

Ces jours-là je me sens comme double, et même multiple : les limites de ma propre vie ne me suffisent plus [1].

Le monde de la sécurité dans lequel Stefan Zweig a grandi et qu'il évoque rétrospectivement a été également synonyme d'étroitesse et d'étouffement pour le jeune étudiant d'alors. Car l'esprit viennois qui tolère l'amusement et une certaine frivolité reste aussi figé dans des cadres de bienséance et de règles sociales très strictes. C'est pour cette raison qu'à partir de 1902, il envisage de partir. Son choix s'arrêtera à Berlin, là où il pense pouvoir trouver une nouvelle indépendance. La capitale de la Prusse est alors en pleine expansion, l'élan économique et culturel y est très perceptible. Pour le jeune homme, la séduction d'un pays étranger y est bien sûr pour quelque chose, mais la métropole l'attire tant par sa vitalité que par son dédain des convenances. « Je crois bien qu'en dix ans je ne me suis pas autant abandonné à la sociabilité spirituelle que dans ce court et unique semestre passé à Berlin, mon premier semestre de complète liberté [2] », raconte-t-il.

Avant tout, il est important de quitter Vienne. Bien qu'on reconnaisse au jeune poète un talent prometteur, on ne le laisse guère s'épanouir à sa guise. Face à ces agissements, il montre déjà les signes d'une certaine lassitude dont il sera par la suite coutumier : tendance à fuir et évitement...

En 1908, Arthur Schnitzler va illustrer à sa façon cette même volonté de quitter Vienne dans son roman *Vienne au crépuscule* : « Quand les gens savent que vous êtes de bonne famille, avec du goût pour les belles cravates, les cigarettes fines et maints autres agréments de l'existence, ils vous refusent la qualité d'artiste[3]. » Le poids de la réputation dans une ville très stratifiée comme la capitale de l'empire était déterminant et ne pouvait provoquer que des positions tranchées : la soumission aux règles, la violence ou enfin l'éloignement. Quoi qu'il fasse, Zweig ne peut nier son inscription dans la haute bourgeoisie juive viennoise. Il tente même de se confronter à cette identité. Dès 1900, il écrit une nouvelle intitulée *Im Schnee* (*Dans la neige*) où il laisse transparaître des questionnements envers sa judaïté. Il met ainsi le doigt sur des conduites ancestrales en soulignant la fatalité de la résignation et de la passivité devant toute persécution.

Fuir ! Nous devons fuir. C'est la seule ressource que tous connaissent, l'arme du faible contre le fort, vieille comme le monde, honteuse et pourtant irremplaçable. Personne ne songe à résister. Un juif, lutter ou se défendre ? C'est à leurs yeux quelque chose de ridicule, d'impensable[4].

Pourtant, il se refuse à publier son texte dans une revue juive, ce qui l'enfermerait sans doute dans une prise de position trop marquée. Ce qu'il a cherché à faire, ainsi qu'il l'explique à Franzos, c'est plutôt de rendre une « atmosphère » où les Juifs ne sont ni admirables ni méprisables, mais simplement représentés avec des caractéristiques « ataviques ». C'est un texte important pour lui, qu'il ne reniera jamais, et qui contient déjà les nuées de son malaise. Cela correspond précisément au moment où lui-même repousse le rôle qui lui est imparti d'avance et cherche à affirmer autre chose en voulant s'éloigner de sa ville natale.

Dans cette démarche, il n'est certes pas le seul, car l'ambivalence semble être le mot clé des Viennois de cette période. Malgré le regard nostalgique que Zweig portera bien plus tard sur sa ville natale dans son autobiographie (de surcroît écrite en exil), il se sent lui aussi à ce moment la victime d'un climat délétère, trop enfermant, où chacun semble épier l'autre. Cette indétermination dans l'air provient de la crise d'identité d'une société qui se désire immuable mais dont les garde-fous habituels sont déplacés. On connaît la réponse de l'impératrice Sissi à qui son mari demandait ce qu'elle souhaitait pour son anniversaire : un asile de fous tout équipé ! avait-elle répondu... Peut-être faut-il justement voir dans la construction du célèbre asile Steinhof un reflet exemplaire de l'ambiguïté d'une période qui ne parvient plus à se saisir. Ce joyau de l'Art nouveau à la périphérie de la ville (au terminus du tramway n° 47) reproduit à petite échelle la métropole elle-même avec son église, son théâtre, ses différents bâtiments et ses jardins... et n'a surtout pas l'air de ce qu'il est ; juste séparé du monde extérieur par un mur qui garantirait la frontière entre la folie et la normalité. Tous les écrivains de la Jung Wien ont chacun à leur manière exprimé leur pessimisme. Quelle issue restait-il donc à la génération suivante, celle de Zweig ? Les suivre dans ce même désarroi ou tenter autre chose ? Zweig a choisi la seconde option en se fixant dans une ville plus puissante et chargée de moins d'« irrésolution ».

Berlin donc, au printemps 1902. Zweig s'y est déjà rendu à plusieurs reprises et y est resté plusieurs semaines. Il a une idée de ce qu'il va y trouver et ses observations ne sont pas toutes positives. Qu'importe, puisque ce qu'il recherche, c'est justement d'être aux antipodes de ce qu'il connaît déjà : ce conformisme viennois si pesant dont il a tant de mal à se défaire. Même si chez lui les notions de mise en danger restent assez théoriques, il veut s'engager dans une vie différente. S'il ressent, comme il l'exprime notamment dans son œuvre, une attirance pour les caractères extrêmes et intenses, il ne bascule pas pour autant lui-même dans l'excès. Cela restera une constante chez lui, ce coudoiement avec un monde parfois même interlope qui inquiète et attire à la fois. Ses nouvelles comme *La Nuit fantastique* ou *La Peur* confrontent ainsi deux univers, celui d'un microcosme très lisse, très comme il faut, peut-être un peu ennuyeux, avec celui de caractères plus douteux. Le héros du premier récit, un aristocrate viennois, va pendant une nuit se frotter avec la vraie vie et se sentir curieusement d'autant plus exister qu'il est la proie d'un guet-apens d'hommes louches et d'une prostituée. Dans le deuxième texte, une épouse adultère se voit pourchasser par une femme vulgaire qui la fait chanter.

Le jeune homme de bonne famille qu'est Zweig malgré lui se rend à Berlin dans des cafés où il apprécie de voir non seulement toutes les nationalités mélangées, mais aussi toutes les classes sociales dans une sorte de bohème hétéroclite. « Je vivais soudain dans un milieu où se rencontrait la vraie misère en vêtements déchirés et souliers éculés, une sphère, donc, avec laquelle je n'étais jamais entré en contact à Vienne. Je m'attablais avec des ivrognes, des homosexuels et des morphinomanes, je serrais — très fièrement — la main d'un chevalier d'industrie et repris de justice assez connu[5]... », énonce-t-il. Des étudiants, des artistes, des originaux, des marginaux et des déclassés se croisent, tous avec la volonté fédératrice de vivre le plus intensément possible. Zweig veut absolument secouer le joug de cette « ère de la raison » qui l'a enveloppé si longtemps et se laisse stimuler par toutes sortes de personnages, les plus invraisemblables soient-ils. C'est une pulsion forte de vie qui le pousse dans ses recoins les plus rebelles et nécessairement attirants. Il est enivré par sa nouvelle liberté, comme il le fait dire au jeune étudiant de sa nouvelle *La Confusion des sentiments* : « Où l'impatience d'une vigoureuse jeunesse aurait-elle pu se déployer aussi bien que dans le sein palpitant et brûlant de cette femme géante, dans cette cité impatiente et débordante de force[6] ? »

C'est là aussi que, pour la première fois, il rencontre des Juifs venus de l'Est, ainsi Ephraïm Moses Lilien, un dessinateur et graveur qui s'est engagé pour la cause sioniste. Ce dernier va en 1902 concevoir et dessiner l'ex-libris que Zweig collera désormais sur tous ses livres et qui marquera ainsi sa propriété. Cette vignette représente un éphèbe nu à moitié tourné devant un temple qui le surplombe et d'où sort une intense lumière. Une ambiance mystérieuse entoure ce personnage, dont l'élan paraît freiné par des buissons épineux plutôt inhospitaliers. En même temps, il semble être dans une dynamique tendue, attiré et craintif devant le faisceau lumineux… Symbolique du savoir ou temple de Sion, et de toute façon haut lieu de valeurs spirituelles, toutes les conjectures sont envisageables. Ce qui est sûr, c'est que Zweig, sa vie durant, sera fidèle à cette image. À vingt et un ans, il avait déjà dû laisser transparaître devant son ami un tel sentiment d'anxiété que son dessin en avait été fortement influencé. En retour, Zweig écrira une monographie sur Lilien en 1903.

D'autres personnes croisées lui font partager des enthousiasmes variés, l'un pour l'œuvre de Dostoïevski dont il traduit *Les Frères Karamazov*, l'autre pour Edward Munch, tous deux alors encore largement inconnus. Ces esprits curieux se réunissent au café sur la Nollendorfplatz. Ludwig Jacobowski, lui-même poète et directeur de revues, lequel avec Zweig était en correspondance, a entre-temps fondé un club littéraire « *Die Kommenden* » (« Ceux qui viennent »), clairement ouvert aux précurseurs et aux tendances nouvelles. Leur président est Rudolf Steiner, connu entre autres pour ses théories sur la théosophie. Un autre poète très haut en couleur impressionne Zweig particulièrement, par son côté bohème et ses poésies presque trop rêveuses : le septuagénaire Peter Hille habillé de guenilles, dont les poches renferment mille et un poèmes merveilleux qu'il oublie un peu partout. Ce dernier est l'emblème d'une belle liberté, il promène ici et là sa silhouette pensive et tous l'admirent et le respectent.

En comparaison avec ces mouvements berlinois, le cercle de la Jung Wien apparaît bien loin des préoccupations de la modernité. Les vers et les textes viennois sentent trop l'ourlet empesé et les accents mièvres. Conscient de tout cela, Zweig s'inquiète de la direction poétique qu'il a prise, déjà trop alambiquée et surtout trop éloignée de la réalité. Soudain, le jeune poète brillant qui a séduit un public attendu perd pied et commence à penser qu'il devrait faire autre chose. Devant ses interrogations découragées, l'écrivain allemand Richard Dehmel lui donne le conseil, « pour se faire la main », de s'exercer d'abord sur des traductions. Zweig parle couramment le français, l'italien (grâce à sa mère) et un peu moins bien l'anglais. Il s'est déjà penché sur la traduction des poésies de Baudelaire avec son camarade Camill Hoffmann : leur recueil à quatre mains paraît justement en 1902 alors qu'il arrive à Berlin. Zweig en a signé également la préface. Dans la sélection établie n'ont pas été retenus certains poèmes trop imprégnés de violence ou de provocation, ce qui limite Baudelaire à une tonalité plus conventionnelle.

Zweig se lance alors à corps perdu dans d'autres travaux : des traductions de Keats, du Belge Camille Lemonnier et surtout de Verlaine. Il voudrait, autour de ce dernier, réunir différentes signatures de poètes allemands alors très connus, tels Richard Dehmel, Richard von Schaukal et Franz Evers. Lui-même se propose de s'occuper de la sélection ainsi que de l'introduction biographique ; il n'y ajoutera modestement que trois poèmes traduits par ses soins. L'ensemble paraît également en 1902 chez Schuster & Löffler et va établir la renommée de Verlaine en Allemagne. Plusieurs rééditions verront ensuite le jour. Deux années plus tard, les éditeurs lui demanderont d'écrire une monographie sur Verlaine, destinée à leur collection intitulée « *Die Dichtung* » (« La Poésie »).

Dans mon for intérieur, ma route pour les années suivantes était maintenant clairement tracée : voir beaucoup, beaucoup apprendre, et seulement ensuite débuter vraiment ! Ne pas paraître devant le monde avec des publications prématurées — connaître d'abord du monde ce qu'il a d'essentiel ! Berlin, avec sa marinade fortement épicée, n'avait fait qu'augmenter ma soif[7].

La traduction exige par définition une véritable humilité, un retour à un certain anonymat, ainsi qu'une réelle flexibilité visant à mettre l'œuvre d'un autre en valeur. À ce moment de son existence se sont engagées les prémices de son rôle de médiateur qui s'est affirmé de plus en plus par la suite et de manière toujours plus importante. La rencontre privilégiée autour d'une culture et d'une expression se traduit pour lui par une lecture active et créative. Car, dans son approche, traduire, c'est également adapter. Il ne faut pas oublier le contexte de l'époque, en cela Zweig n'est pas différent des autres : la restitution ne se veut pas parfaitement rigoureuse, le propos n'est pas là. Son attitude est d'ailleurs la même en ce qui concerne ses biographies littéraires. Même s'il fait des recherches très ciblées, tout se passe comme si, sous le couvert d'avancées stylistiques, il cherchait à gommer toute cette armature savante. Ses livres sont émaillés de phrases exclamatives souvent emportées par un jugement enthousiaste ou critique, de mises en situation arbitraires (dans la pièce où travaille le personnage en question, il décrit le crépuscule qui envahit la chambre, pendant qu'il précise que deux chandelles brûlent sur le bureau…). Ce sont les ambiances qui lui importent, elles seules sont chargées de rendre l'époque et la situation. De la même manière dans sa correspondance, plus tard, il expliquera qu'il cherche toujours à simplifier son texte le plus possible pour que la compréhension soit immédiate.

La réalité vient bientôt se rappeler à lui : n'est-il

pas temps de terminer son doctorat ? Il a choisi pour sujet de thèse « La philosophie d'Hippolyte Taine ». L'ensemble a manifestement été écrit très rapidement, car il ne s'est pas accordé beaucoup de temps. Il a décidé en un moment de mettre toute sa puissance de travail en marche. Il s'est d'ailleurs adjoint la collaboration d'un ami dont il signale plus tard amèrement que ce dernier est devenu un écrivain officiel du IIIe Reich… Le 7 avril 1904 donc, à l'université de Vienne, il soutient sa thèse avec succès. Sa réputation l'a précédé et ses professeurs lui montrent beaucoup de bienveillance, lui demandant même s'il préfère être interrogé sur tel sujet plutôt que tel autre… En tous les cas, il a fini, et le nouveau docteur en philosophie qu'il est devenu se tient vis-à-vis de ses parents au moins comme un homme libre : il a rempli son contrat et peut désormais s'occuper pleinement de ce qui l'intéresse.

Il ne perd pas de temps et publie la même année son premier recueil de nouvelles *L'Amour d'Erika Ewald* qui contient quatre récits : le titre éponyme, puis *L'Étoile au-dessus de la forêt*, *La Marche*, *Les Prodiges de la vie*. Trois d'entre eux sont dédiés à des amis très chers : Camill Hoffmann avec lequel il a traduit Baudelaire, l'artiste Ephraïm Moses Lilien et Hans Müller. La composition de l'ouvrage entrelace thèmes contemporains et historiques, tout comme elle encadre deux récits courts au milieu de deux plus longs. Cet agencement n'est pas anodin et reflète une unité qui semble importante à ses yeux, celle qui, d'après la pensée de

Taine justement, indique que le destin est régi plus que l'on ne croit, par des vagues imperceptibles mais directives. Les automatismes apparents sont donc infléchis par de nombreux autres facteurs plus déterminants. C'est déjà d'une certaine façon une amorce du chemin vers les recherches menées par Freud de son côté.

Erika Ewald est une nouvelle sur l'amour, la manière dont le sentiment peut survenir, puis se briser, sur l'attente et la résignation. Le ton est déjà enflammé mais garde une vraie douceur sans mièvrerie. C'est aussi une réflexion sur la sensualité, la manière dont le jeune homme tend vers l'assouvissement de son désir tout en se méprisant pour ces pulsions qui le dépassent ; la manière aussi dont la jeune fille se heurte au clivage entre ses rêveries et la présence brutale physique imposée de son soupirant.

Le deuxième récit, *L'Étoile au-dessus de la forêt*, tourne autour d'une passion malheureuse, celle d'un serviteur amoureux d'une comtesse. Ce dernier se jette de désespoir sous le train qui emporte celle qu'il ne pourra jamais posséder. Le troisième, *La Marche*, raconte comment un jeune homme qui désire tant voir le visage du prophète à Jérusalem se décide un jour à partir. Alors qu'il s'épuise sur un chemin interminable, une femme le recueille et, inconsidérément, il perd une précieuse journée dans ses bras trop accueillants. Il arrivera trop tard… juste après la crucifixion. Le quatrième récit se passe au XVIIe siècle à Anvers et confronte un peintre âgé à son jeune modèle qui pose pour un portrait de la Madone. La jeune fille est juive et, malgré le sujet religieux, ne souhaite pas se convertir ; pourtant lors d'une mise à sac dans l'église, elle luttera pour défendre le tableau contre la vindicte des vandales.

Dans ces histoires, les trois éléments issus de la pensée de Taine, la race, le milieu et le moment sont déclinés et observés dans le rapport qu'ils entretiennent avec la fatalité. Que se serait-il passé si… Si dans le premier récit le jeune homme avait maîtrisé davantage ses instincts face à l'objet de son amour ? Si dans le récit suivant la comtesse avait eu, ne serait-ce qu'un regard pour son serviteur ? Si le croyant n'avait pas succombé à la chair et avait pu arriver avant le supplice du Messie ? Si la jeune juive avait refusé de poser pour le portrait de la Vierge ? Qu'il s'agisse d'un tour du destin ou d'un refus face à quelque chose qui pourrait sembler impénétrable, ces quatre textes posent une seule et même question : quels signes faut-il lire ou décider de ne pas voir ?

L'autre versant de ces années est l'entrée du jeune Zweig dans le monde de la séduction. Les petites amies qu'il mentionne ici et là lui prennent un peu de ce temps si précieux derrière lequel il court toujours. Ces jeunes filles « très bien » sont aussi porteuses de maladies dangereuses. Il parle à plusieurs reprises à ses amis d'épisodes de blennorragie. Dans tous les cas, ces créatures très convenables n'ont pas encore de visage ou de nom qu'il ait envie de décrire davantage. Ce sont juste des bras et des jambes qui le « happent » un instant, des sensations fugitives à vivre, mais qui ne l'arrêtent pas. Il préfère déjà la compagnie amicale des hommes, ce qui ne changera pas foncièrement par la suite. Peut-être parce qu'il peut rester au plus proche de lui-même, sans jeu aucun. À vingt et un ans, il déclare sans ambages : « Ce ne sont plus les femmes qui me donnent le bonheur suprême, j'ai peur soudain de toutes les extases et des grandes excitations, parce que je crains toujours qu'elles ne dissimulent des sentiments mesquins[8]... » Ce sera aussi sa grande affaire : comment contrôler, voire tenir à distance, tout sentiment un peu vif ; puis, quand c'est trop le cas, regretter son manque d'implication, faisant qu'il reste toujours un peu en deçà des choses. Il ne faut pas oublier l'extrême lucidité dont il se veut sans cesse le dépositaire et qui le place dans une dynamique d'autocritique permanente.

Dans son récit *Lettre d'une inconnue*, qui paraîtra plus tard (en 1922), il ébauche un autoportrait du jeune homme qu'il était alors, par le biais du regard ébahi d'une jeune fille de treize ans qui, peu à peu, tombe amoureuse de lui. Il se dépeint sous les traits d'un séducteur habile, presque ardent et passionné, qui sait donner aux femmes le regard qu'elles attendent. En même temps, il est aussi un écrivain extrêmement sérieux et préoccupé par son travail. Comme pris à son propre piège d'indifférence où toutes les demoiselles rencontrées finissent par se fondre dans une seule personne indistincte et plaisante, il n'est pas capable de reconnaître, le temps ayant passé, la jeune femme qui s'était donnée passionnément à lui... À la lecture de la lettre qu'elle lui fait parvenir — elle a eu un enfant de lui qui est mort —, il se remémore alors vaguement une silhouette dans le flou d'un songe, mais uniquement comme si cette femme se rassemblait dans le creux du souvenir de toutes celles serrées dans ses bras. Au-delà du plaisir et des jeux voluptueux, l'amour est bien loin de son cœur... Dans *La Confusion des sentiments*, le jeune homme étudiant à la faculté de Berlin explique que les aventures féminines lui permettent d'apaiser son inquiétude et de calmer ses sens énervés. Le désir est métaphoriquement proche des événements de la nature, comme l'orage, la chaleur et tous les tressaillements atmosphériques. Il survient souvent violemment sans que l'on puisse le retenir, puis ayant été assouvi, disparaît jusqu'à la prochaine fois.

Les engouements font partie de la vie de Stefan Zweig, mais ils prennent parfois un étrange chemin. C'est ainsi qu'un jour de 1902, à Bruxelles, il fait l'une des rencontres les plus importantes de sa vie. Le poète Émile Verhaeren s'avance vers lui, lui serre la main, et c'est presque le souffle d'une flamme qui l'embrase, une inspiration qui va attiser des braises sur ses prochaines années. Alors que Verhaeren était un parfait inconnu en Allemagne et en Autriche, le jeune lycéen l'avait déjà repéré au gré de ses seules lectures; ainsi avait-il découvert *Les Flamandes*. Dès l'automne 1898, il lui avait écrit pour lui demander l'autorisation de traduire ses poèmes. Et c'est auprès du sculpteur

Charles Van der Stappen qu'ils se retrouvent désormais l'un face à l'autre ; Verhaeren confiant et ouvert, Zweig presque plus timide devant celui qu'il identifie comme un grand homme : « Quand on était avec lui, on se sentait animé par sa propre volonté de vivre. Ainsi il se tenait en chair et en os devant le jeune homme que j'étais, lui, le poète, tel que je l'avais souhaité, tel que je l'avais rêvé[9]. »

La vision du monde de Verhaeren, en symbiose avec la vigueur de la modernité, en accord avec l'émergence du nouveau siècle qui regarde venir ses progrès techniques sans crainte s'impose avec force. De même, la puissance et la beauté de son être duquel se dégage une solide fraternité qui lui parle avec évidence. Le vocabulaire de Zweig décrivant le maître belge devient alors religieux. Il vit une expérience spirituelle et se fait le disciple d'une cause humaniste d'amour. Verhaeren lie selon lui le passé avec le futur, son lyrisme, en unité avec un moi débarrassé de toute afféterie, permet un saut prodigieux dans l'intemporalité. Ses formules exaltées parlent au jeune Viennois, comme : « Toute la vie est dans l'essor », ou : « Admirez-vous les uns les autres »… Son style explose d'images spontanées et de sentiments fiévreux. « […] et il s'enthousiasmait de son propre enthousiasme : il s'enthousiasmait de propos délibéré, pour se sentir plus fort de cette passion. Les petits poèmes de ses débuts devinrent de grands hymnes qui coulaient à pleins bords[10]. » La réaction de Stefan Zweig est immédiate, il veut servir celui qu'il désigne comme le Walt Whitman européen. Conquis par sa générosité et son humanité, il décide de consacrer son énergie à le traduire et à écrire un ouvrage biographique sur sa vie et son œuvre. C'est précisément ce qu'il va faire pendant deux années. Là aussi, l'idée de médiation s'impose et même au-delà, car sa fougue l'emporte dans un immense élan fusionnel. Plus concrètement, le jeune écrivain propose à son aîné — Verhaeren a alors quarante-sept ans — de le faire publier chez son éditeur allemand. Car, bien qu'inconnu au-delà des frontières francophones, Zweig a la certitude de pouvoir l'imposer, ce qui, dans le contexte de l'époque, est loin d'être évident et apparaît déjà comme une démarche novatrice. Toujours très pragmatique, Zweig pense avoir acquis assez d'influence et avoir fait gagner assez d'argent à sa maison d'édition avec son recueil sur Verlaine et ses poésies pour que cette dernière accepte de publier un auteur belge... Dans son courrier, il sait trouver des arguments forts, il discute tous azimuts avec un sens commercial aigu et beaucoup d'à-propos. C'est ainsi qu'il présente un projet pour une édition bon marché, puis pour une autre plus luxueuse.

Vis-à-vis de ses amis écrivains, il est déjà très à l'aise dans ce rôle de conseiller, ainsi reproche-t-il gentiment à Hermann Hesse de ne pas avoir réclamé assez d'argent pour son dernier contrat. Celui-ci aurait en effet demandé 2 500 marks, alors que Zweig déclare qu'un minimum de 10 000 marks était envisageable. Il lui explique dans ce qu'il appelle avec humour son « sermon » qu'il faut par principe poser « des conditions qui [vous] paraissent folles. Vous verrez qu'on les acceptera sans discuter[11] ».

À ce moment de sa vie, Zweig est en correspondance régulière avec un nombre imposant de personnes auxquelles il se confie et pour lesquelles il noue également des liens. Dans ce réseau étendu de relations, il commence à écrire régulièrement en 1904 à Ellen Key (1849-1926), la féministe et pédagogue suédoise. Malgré leurs échanges épistolaires fréquents, leur rencontre effective n'aura lieu qu'en 1907. Âgée alors de cinquante-cinq ans, elle va pouvoir jouer pour ce tout jeune homme de vingt-trois ans un rôle de confidente. C'est elle qui facilitera son contact avec Rilke qui, au départ, montre plutôt du dédain pour ce jeune écrivain dont il a pu lire des critiques dans les journaux. À Paris où ils se voient, quelques instants de grâce les lient et font entrevoir à Zweig ce qu'est un « vrai poète », un homme à la sensibilité mystérieuse, dont le sens aigu de la beauté entretient un halo de rêve.

En 1906, Zweig publie *Les Couronnes précoces* (*Die frühen Kränze*), son deuxième volume de poésies. Il a vingt-cinq ans et va obtenir en même tant que sept autres auteurs une distinction littéraire prestigieuse, le prix Bauernfeld. Quelque temps auparavant, il annonçait dans une lettre à Ellen Key qu'il se remettait à composer un « nouveau bouquet » et parlait avec ferveur de ce travail poétique. « On n'aime rien tant que ses poèmes : ce sont les seuls textes dont on se prend parfois à rêver qu'ils soient achevés, qu'ils aient leur vie propre et qu'ils ne puissent plus mourir[12] »... Il a fait cette même année la connaissance d'Anton Kippenberg (1874-1950) qui s'associe à la direction d'une toute nouvelle maison d'édition, l'Insel Verlag (*Insel* signifiant « Île ») à Leipzig, qu'il sera le seul à diriger à partir de 1906. C'est à l'Insel que Zweig donnera presque toutes ses œuvres pour l'essentiel et ce, jusqu'en 1934. Entre le jeune auteur très entreprenant et l'éditeur tout aussi exigeant va s'établir une relation parfaite dont le catalogue éditorial sera également bénéficiaire. Dès son plus jeune âge, Zweig avait déjà eu l'idée de proposer des anthologies de poésies du monde entier, il a désormais le lieu idéal pour faire avancer ses projets. La littérature étrangère trouvera notamment, grâce à ses suggestions, un champ d'expression très privilégié. Ainsi l'Insel-Bücherei (la « Bibliothèque de l'Île ») avec son prodigieux catalogue a largement été conseillée par lui, tout comme plus tard la *Bibliotheca Mundi* qui deviendra, grâce à lui encore, cette étonnante collection regroupant des classiques en langue originale. Au bout de trente ans, l'Insel allait devenir l'une des maisons d'édition les plus puissantes du pays.

Enfin, dans le tourbillon qui l'anime, il se tourne vers le théâtre qu'il a toujours vénéré. Il a l'idée de composer une tragédie antique autour « du plus laid et du plus méchant des Grecs », Thersite[13]. Ses traits difformes ne lui permettent pas d'approcher les femmes et pourtant tout son être brûle d'amour. Sa vie n'est qu'une torture insupportable. Il accueille la mort qui survient par la main d'Achille comme une vraie délivrance. Stefan Zweig a l'honneur de voir ce sujet classique immédiatement accepté par le Théâtre royal de Berlin. Toujours habile, Zweig demande au directeur de divulguer par voie de presse les raisons de son choix, ce qui, comme il le formule, pourrait lui ouvrir d'autres portes, notamment celle du Burgtheater de Vienne qu'il ambitionne évidemment en tant que Viennois. Le Théâtre de Berlin a de plus choisi pour le rôle d'Achille un très grand comédien, Adalbert Matkowski. Cependant, ce dernier va tomber très gravement malade et les répétitions prévues ne cesseront, semaine après semaine, d'être repoussées. Finalement, Zweig n'apprendra la date de la première que par la presse. La représentation prévue est annoncée. Un acteur inconnu remplacera Matkowski. Comme on ne l'a pas consulté, Zweig refuse cet arrangement et retire sa pièce de l'affiche avec un sens de la diplomatie tel qu'il ne se ferme pas pour autant les portes du théâtre. *Thersite* sera joué finalement au Théâtre de la cour de Dresde, avec une création simultanée à Kassel. Entre-temps, Zweig a dû essuyer un refus du Burgtheater de Vienne, le lieu culte qu'il souhaitait si ardemment pour sa pièce. Il apprend toutefois que le grand acteur viennois Josef Kainz a manifesté de l'intérêt pour sa pièce et a même exprimé le vœu de jouer le personnage de Thersite. Peu de temps après, la mort de Matkowski vient troubler les projets de ses avancées théâtrales. Zweig sera pourtant particulièrement bouleversé d'apprendre que les dernières paroles prononcées par l'acteur ont été les vers de sa pièce.

Après Berlin, Zweig est donc revenu à Vienne ; il commence à voyager, à se rendre en Belgique, à Paris, sur l'île de Bréhat, en Espagne, en Italie... Ces départs font d'autant plus ressortir le malaise qu'il éprouve à l'encontre de sa ville natale. Si son nom circule ne serait-ce que par ses différentes parutions à Vienne, il ne se sent pas pour autant accepté par la clique littéraire de la capitale. Il n'aime pas les gens de son « milieu », se sent jugé, entravé dans ses actions... Bref, il pense à la fuite et se place dans une posture parfaitement négative. Emporté comme il a été par la poésie d'un Verhaeren, conquis par les vers de Verlaine et d'autres auteurs français, il se situe à quelque distance de ce qui se passe chez lui. « Il me semble — c'est du moins ce que j'ai perçu à Berlin — qu'à l'étranger, on imagine que la littérature viennoise est une grande table de café autour de laquelle nous serions assis tous les jours », écrit-il ainsi en 1903 à Hermann Hesse en ajoutant qu'il ne connaît ni Schnitzler, ni Hermann Bahr, ni Hofmannsthal, ni Altenberg qui tous appartiennent au cercle connu de la Jung Wien[14]. Il renvoie la même réserve que celle que l'on manifeste à son endroit, et commence à douter de sa propre direction littéraire. Son bel édifice a été chamboulé ou plutôt il a veillé lui-même à fracasser sa belle ordonnance de jeune prodige. Il constate un peu amer que ses derniers ouvrages n'ont obtenu que très peu de critiques et qu'ainsi, il se situe très loin du goût en vigueur.

Theodor Herzl, qui meurt en 1904, le lui dira sans détour lors d'une rencontre fortuite au Stadtpark : il faut prendre de la distance, insiste ce dernier, ce qui est d'autant plus facile quand on est à l'étranger. De là seulement peut surgir quelque chose de novateur. Herzl affirme qu'il n'a réussi à formuler ses conceptions sionistes que parce qu'il se trouvait loin de Vienne. Dans la capitale, il s'est toujours heurté à une opposition critique. Comme en triste écho, la ville se rendra compte trop tard de la force de la pensée d'Herzl, lors de ses funérailles enfin à la mesure de son importance. Le jeune Zweig a retenu la leçon… Sans doute sait-il déjà que s'il ne se sent pas tout à fait chez lui à Vienne, c'est également le cas au bout de quelque temps ailleurs, que ce soit à Paris ou à Londres. L'état d'étranger le satisfait même si cela lui apporte instabilité et inquiétude.

Pour l'heure, ses interrogations portent plutôt sur le temps que sur le seul lieu.

> Je me considérai toujours comme un jeune homme, un novice, un débutant qui a encore un temps infini devant lui, et j'hésitais à me lier en quelque façon que ce fût à rien de définitif[15].

Cette phrase résonne d'autant plus fortement que Zweig n'a montré aucune propension à aller vers une vieillesse assumée. Il a souffert très tôt de la fuite du temps, de son âge qui avançait trop vite, sans jamais savoir goûter le moment présent et en redoutant le futur. Seule une sorte de crainte diffuse semble composer son attitude générale.

Comme tous les autres écrivains viennois de la génération précédente, il a un mal fou à être convaincu de la valeur, ou plutôt de la nécessité de son choix... Le personnage du roman de Schnitzler qui a symbolisé les aspirations de ces jeunes gens, Anatole, est en proie à l'indécision la plus totale, doublée d'une anxiété permanente qui le fait verser dans un bouleversant questionnement identitaire. Dans le roman de Richard Beer-Hofmann, *La Mort de Georges*, le héros est en butte aux mêmes difficultés : « Partout, il n'avait cherché que soi-même et en tout il n'avait trouvé que soi-même. Seul son destin se réalisait véritablement. Et tout ce qui se passait autour de lui se passait loin de lui, comme dans la mise en scène d'une pièce [16]. » Hermann Bahr, dans une lettre à son père, explique quant à lui qu'il souhaiterait se lancer dans la littérature, mais que le métier d'écrivain lui apparaît comme trop soumis aux aléas de la mode : il faudrait donc en passer par des obligations d'acquiescements. Écrire signifierait alors devoir se mettre au diapason avec l'extérieur sans vraie possibilité d'être soi. La leçon viennoise de l'époque ne dégage que les filaments d'une inconstance devenue chronique. D'après l'écrivain Hermann Broch, la capitale représentait, au tournant du siècle, un centre du vide. Pour étayer ses dires, il s'appuie sur la structure de l'empire, sorte de noyau creux d'un ensemble devenu fantomatique. Une ville de l'illusion donc, avec le souci de son apparence plutôt que de sa substance. C'est ce qui se manifeste avec cette surprenante profusion de remplissage décoratif qui transforme Vienne en décor de carton-pâte. L'architecte Adolf Loos partira en croisade contre cette culture de l'ornement devenue trop envahissante et tentera de proposer des visions plus épurées, tout comme le musicien Schönberg qui se mettra lui en quête d'une nouvelle authenticité plus sobre.

Derrière ce flot interrompu de sensations se dissimule sans doute une vérité, mais qui finit par se dissoudre dans d'innombrables faux-semblants. Les tableaux de Klimt le montrent bien avec leurs personnages entrelacés d'éléments végétaux qui se confondent dans un fond surchargé. Même le langage semble filtré par des expressions qui se veulent badines et enjouées grâce à de permanents suffixes d'atténuation, comme si on ne pouvait pas dire sans ajouter de fioritures ou de nuances.

Tout cela rejaillit sur le jeune Zweig. Dans cette culture qui se heurte à un insaisissable, il se considère comme « un novice, un débutant qui a encore un temps infini devant lui ». Il appelle cela son « éducation au provisoire [17] ». Tout ce qui pourrait ressembler à un engagement, à quelque chose d'inscrit ou de définitif est soigneusement écarté. Il ne sait pas vraiment ce qu'il veut faire de sa vie et doute des options qu'il a déjà choisies, comme si, pour prendre une métaphore sportive, il avait jailli trop tôt de ses starting-blocks sans savoir vraiment s'il était en phase avec lui-même et qu'il devait payer ainsi le prix d'une trop grande anticipation. Il trace donc une frontière entre l'existence et la littérature, cette dernière étant repoussée dans ses exigences. Il se plaint à Ellen Key que les louanges formulées à propos de ses poèmes ne concernent que leur côté artistique et non pas leur signification. Comme s'il n'était capable que de décrire joliment sans éprouver vraiment. À Max Brod qui l'invite à faire une lecture à Prague, il répond d'une façon si alambiquée qu'il s'aperçoit au milieu de la lettre à quel point il est intimidé devant ce qu'on lui propose. Il se reprend en lui expliquant que cela n'a rien à voir avec une banale question de modestie, mais plutôt avec la constatation de ses manques. Sans cesse, il donne l'impression de se mettre en deçà. À Richard Dehmel, il déclare que l'œuvre de Verhaeren lui importe de toute façon plus que la destinée de la sienne propre. Et qu'il faudrait enfin que les « artistes de la poésie » reçoivent les témoignages qui leur sont naturellement dus... Et pourtant, curieusement, il continue de produire, sans s'autoriser à le faire pleinement et tout en poussant l'œuvre des autres. Il est en équilibre fragile permanent, dans deux mouvements contraires. Ce qui peut expliquer sa vulnérabilité qui va aller en s'amplifiant au fil des années et qui ne sera jamais calmée par l'extérieur. Il est le seul à détenir une réponse qu'il se refuse à entendre.

L'une de ses réactions passe alors par la pulsion du voyage qui lui permet d'oublier ses entraves personnelles.

Le voyageur

Je sens que je ne pourrais pas mourir avant d'avoir connu toute la terre [1].

À vingt-trois ans, indécis sur la conduite future de sa vie, loin de tout projet familial ou amoureux et sans problème d'argent, le jeune docteur Zweig a l'âme vagabonde. Il a goûté à ce bonheur « d'être étranger à l'étranger et savoir pourtant qu'on peut s'unir à lui [2] ». Il va de plus en plus se laisser porter par ses destinations qu'il ne veut pas trop organiser à l'avance. Ce n'est pas tout à fait la trame capricieuse des pérégrinations de l'impératrice Sissi qui, dès 1860, promenait son mal-être à travers l'Europe pour finir son interminable errance sous le poignard aveugle d'un anarchiste. Désenchantement qui l'avait conduite un peu partout, en quête d'un destin qui, brutalement, s'était rappelé à elle.

La mélancolie n'est pas moins l'apanage du jeune Zweig qui cherche surtout à fuir l'angoisse de sa ville natale. Au départ, il se situe dans le droit-fil familial habitué au cosmopolitisme et aux départs en vacances. Ainsi, en 1902, il fait un séjour estival en Belgique, à Bruxelles. Il est alors familier des œuvres des peintres Khnopff et Rops, ainsi que de l'écrivain Camille Lemonnier dont il a traduit un roman, et a le désir pressant de rencontrer Verhaeren. Ce sera donc chose faite grâce à Lemonnier qui va arranger un déjeuner surprise chez le sculpteur Van der Stappen où Verhaeren vient poser pour un buste. Zweig reviendra en 1904, une fois sa soutenance de thèse passée. Après s'être rendu à Ostende, à Blankenberge et à Bruges, il fait ensuite un séjour au Caillou-qui-bique, chez Verhaeren. « J'aime ce grand et authentique poète d'un amour qui est vraiment sans limite. Car l'amitié est l'art le plus noble de Verhaeren; il a une manière simple et belle de gagner le cœur des gens... Il émane de Verhaeren tant de bonté et d'authenticité[3] », écrit Zweig à Ellen Key. Il mentionne également avoir eu la chance d'entrer en contact avec des relations du maître belge à Paris.

Justement, Paris, « cet heureux Paris ailé de [sa] jeunesse[4] » où il se rend la première fois en 1902, puis quelques jours encore, un an plus tard, pour y séjourner cette fois sept mois, de la mi-novembre 1904 à la mi-juin 1905. Il s'extasie tout d'abord sur les vertus de ce paradis pour les étrangers qui, tous, ont l'air de s'y trouver très bien, peut-être parce que, en digne héritier de la Révolution, chacun peut s'y sentir l'égal de l'autre, sans préjugé social. Zweig goûte le plaisir des flâneries ainsi que des relations faciles avec les femmes. Puis en vrac, le bonheur de « l'impériale », ces bus découverts d'où on peut contempler la capitale à loisir, et les cafés, dont le célèbre café Vachette où Verlaine se rendait boire ses absinthes. Le jeune Autrichien ira à son tour tremper ses lèvres dans ce breuvage qui ne l'inspire que moyennement et raviver ainsi le souvenir du poète qui, dans son ivresse, tapait de sa canne contre la petite table en marbre pour intimer le respect à son endroit.

Zweig trouve une chambre sous les galeries du Palais-Royal, heureux d'être tout près de l'endroit où a habité Marceline Desbordes-Valmore, la poétesse qu'il admire. C'est le Paris de ses lectures qu'il découvre, celui de Balzac et de Zola, de la grande Histoire aussi, et il passe ses journées à travailler à la Bibliothèque nationale. Ce qui n'est pas loin de ressembler à une prouesse si l'on en juge par toutes les tentations extérieures, notamment féminines. Grâce à Verhaeren, donc, qui se partage entre la Belgique et une résidence à Saint-Cloud, rue de Montretout, il est introduit dans un cercle que fréquentent notamment Léon Bazalgette, le traducteur de Walt Whitman, Georges Duhamel, Rodin puis Rilke. Verhaeren l'entraîne un jour voir Rodin, qui lui propose de venir lui rendre visite dans son atelier de Meudon. Une fois le déjeuner fini, Rodin se met alors à travailler, oubliant complètement son visiteur qui le contemple avec ravissement dans le silence, comme s'il parvenait ainsi à percer les secrets de la création du sculpteur.

Particulièrement attentif à ce processus — une des raisons de sa collection de manuscrits —, Zweig est troublé par ce moment où il peut observer les hésitations, les élans, presque l'ivresse et l'amour ainsi transposés dans le modelage de la terre. Quand Rodin a fini son travail, il enlève sa blouse et s'apprêtant à partir, il se rend enfin compte que son invité se tient encore dans un coin...

Zweig peut enfin approcher celui qu'il a tant révéré dans sa toute jeunesse et qu'il n'aurait pu côtoyer à Vienne : Rainer Maria Rilke, qu'il n'osera cependant jamais considérer comme un ami. Ensemble, ils font quelques promenades parisiennes et vont un jour voir la tombe d'André Chénier. « Ombrageux et réservé, Rilke donnait à Paris, cette ville qui dilate le cœur, l'impression d'être beaucoup plus ouvert que partout ailleurs[5]. » Son jeune disciple dresse un autel à cet homme qui, occupé à bâtir son œuvre, se tient à l'écart du monde. Pourtant, le poète pragois fréquente beaucoup de gens et voyage inlassablement. Mais sa discrétion le protège et il garde toujours ses distances. « Rilke avait horreur que l'on exprimât, que l'on dévoilât ses sentiments. Il aimait à se cacher, corps et âme, autant que possible [...] il évitait tout signe susceptible de mettre l'accent sur ses activités poétiques[6]. » Dans les descriptions que Zweig fera de lui, notamment plus tard dans les années 30, il se remémore le grain distingué de sa voix, la simplicité de son apparence, sa réserve, enfin, le silence pénétrant que viennent animer ses yeux clairs et attentifs.

Zweig qui va placer, sa vie durant, l'amitié au-dessus de toutes les vertus, apprend beaucoup de

Léon Bazalgette qui est un vivant exemple de droiture et ne se compromet jamais. Si ce dernier montre indéfectiblement sa loyauté et ses sentiments bienveillants, il ne peut pour autant mentir sur le travail. Ainsi, il n'apprécie guère les poèmes du jeune Autrichien qu'il a lus dans une traduction d'Henri Guilbeaux : trop loin de la réalité, estime-t-il. En revanche, quand un livre de Zweig est traduit plus tard, il trouve normal, en toute fraternité, de réviser le texte en français, et ce, évidemment, sans aucun honoraire. Plus tard encore, en 1910, Zweig (qui a alors vingt-neuf ans) va se rapprocher du groupe de l'Abbaye et entamer une correspondance avec Duhamel. Ce dernier se souvient :

> C'est à Saint-Cloud, rue de Montretout, chez Verhaeren, que je rencontrai pour la première fois Stefan Zweig. L'écrivain autrichien venait de composer tout un ouvrage sur le poète des *Villes tentaculaires*. Zweig alors avait une trentaine d'années. Il savait tout. Il était terriblement intelligent. « Mais alors, lui dit un jour Verhaeren avec une désarmante naïveté, mais alors, les gens de mon espèce, vous devez les regarder comme des ignorants. » Zweig sourit du coin de la paupière, et répondit d'une voix tranquille : « Oui. Il y a, dans l'admiration, des étages, des dépendances, des resserres, des dégagements [7]. »

D'autres amis de l'étranger passent aussi par Paris, Ellen Key la Suédoise lui présente le romancier norvégien Johan Bojer.

Plusieurs événements inattendus émaillent sa vie à Paris : ainsi le vol de sa valise dans sa chambre d'hôtel. Le concierge a malencontreusement laissé entrer quelqu'un qui lui demandait le « cordon » (c'est-à-dire d'ouvrir la porte d'entrée à partir de la loge). Une fois la valise et le voleur retrouvés, Zweig ne désire pas pour autant porter plainte... ému par le portefeuille du cambrioleur qui contient des photographies de danseuses et d'actrices et quelques nus. Erreur fatale, car tous les protagonistes de l'affaire vont se sentir spoliés : ils veulent à cette histoire une chute qui soit morale. Tous vont alors s'offenser de ce faux pas et se fermer devant l'Autrichien. Zweig finira, contraint et forcé, par quitter honteusement les lieux, comme s'il avait été lui-même l'auteur du délit. Une autre histoire, qu'il va publier en 1934 et qui s'intitule *Révélation inattendue d'un métier*, rapporte un fait assez similaire. Badaud dans la foule à Paris, le narrateur observe un pickpocket en action qui finit par s'approcher de lui, pour en faire sa prochaine victime. Lui saisissant la main, il l'empêche d'accomplir son forfait sans pour autant le dénoncer. S'ensuit une fine description psychologique de l'affrontement des deux hommes, de leurs peurs respectives et de leur bataille silencieuse. Curieux récit qui pour une fois met en scène son auteur dans un quotidien banal, dévoilant par la même occasion l'état d'esprit qui était le sien lorsqu'il vivait à Paris :

J'étais donc souverainement libre de faire ce que je voulais. Je pouvais à ma fantaisie flâner ou lire le journal, m'asseoir dans un café, manger, visiter un musée, regarder les vitrines ou bouquiner sur les quais ; je pouvais téléphoner à des amis ou me contenter de humer l'air doux et tiède ; libre comme je l'étais, tout cela m'était permis et mille autres choses encore[8].

Une fois de plus, dans ce petit fait divers, Zweig décrit une tension en s'insinuant dans l'exact instant où tout peut basculer dans un sens ou un autre, passionné par ces quelques minutes où tout se fait ou se défait.

Après Paris, Zweig passe en 1905 par l'Espagne, l'Algérie et l'Italie, séjournant sur les rives du lac de Côme, puis à Florence et Vérone. Il en tire quelques récits très sensibles mêlant impressions immédiates et réflexions plus lointaines sur l'esprit du lieu. La beauté le fait vibrer et le rend lyrique. Il procède à la manière d'un peintre, par touches de couleurs et de luminosité, attentif au rythme et aux pulsations. Enfin, il rend visite à Hermann Hesse sur le lac de Constance à Gaienhofen. Les deux hommes correspondaient depuis un certain temps déjà et Zweig initie leur entrevue. Il lui en restera un souvenir mitigé : ayant lourdement heurté de la tête une poutre basse, il restera un long quart d'heure complètement assommé. Dans une lettre à sa sœur où Hermann Hesse évoque la personnalité de Zweig, il pointe, tout en reconnaissant la valeur humaine de ce dernier, deux défauts : le côté très affairé d'un homme parfois imbu de lui-même, et l'utilisation, par ce dernier, d'un langage parfois inutilement précieux.

Zweig se décide en 1906 à partir pour Londres « élargir [ses] horizons spirituels », comme il l'écrit à Ellen Key[9]. La ville va lui rester désagréablement fermée. Il connaît pourtant l'œuvre de W. B. Yeats dont il a traduit des vers pour son plaisir personnel. Les contacts restent difficiles, même s'il parvient à assister à une lecture de ce dernier : Zweig trouve d'ailleurs l'atmosphère apprêtée, presque funèbre. Seule la lumière d'un cierge éclaire la salle où Yeats, habillé de sombre, et paré avec une certaine austérité, fait sa lecture. Selon Zweig, le poète anglais ne tient pas la comparaison avec Verhaeren dont le naturel fougueux permet à tous d'entrer facilement dans l'univers de sa poésie. À Londres, il ne se fera aucun ami et demeurera à la périphérie du caractère anglais dont il ne perçoit que la trop grande pesanteur. Le temps également le déprime, avec une brume et une pluie presque incessantes. Au moins va-t-il pouvoir se replonger dans le théâtre élisabéthain et surtout dans Shakespeare. Le British Museum constitue un havre de paix, et il a la joie d'y découvrir, lors d'une exposition, un immense artiste alors complètement inconnu en dehors de son pays : William Blake, dont l'œuvre va être une révélation. Il va ensuite pouvoir acquérir avec le plus grand bonheur un dessin du roi Jean au crayon. Les yeux à la fois rêveurs et visionnaires du portrait le suivront partout. L'Angleterre lui semblera relativement hermétique en raison de son isolement à la fois géographique et constitutionnel, et très éloignée de l'esprit européen. Zweig n'y reviendra qu'en 1933, y trouvant cette fois un abri possible contre le nazisme.

Ses années de voyage, qui s'étendront principalement de 1904 à 1914, vont le voir revenir à la case départ, à Vienne, où il s'est résolu à louer un appartement, au numéro 8 de la Kochgasse dans le VIIIe arrondissement, assez près de l'adresse parentale. « Dieu seul sait où je serai l'année prochaine, peut-être suivrai-je les hirondelles vers le sud, peut-être retournerai-je en France ou en Allemagne ; en tout cas, je ne passerai pas beaucoup de temps à Vienne [10]. » C'est à peu près la seule de ses certitudes. Au moins a-t-il une adresse et un lieu pour ranger sa collection toujours plus importante. Peu de meubles, sinon de grands fauteuils rouges et un tapis, avec au mur son dessin de Blake, ainsi qu'un poème de Goethe, le « *Mailied* ». Il comprend au bout d'un certain temps, lui qui est si goethéen dans l'âme, que la maison abrite une autre « pièce de musée » vivante : une octogénaire qui se trouve avoir été la fille d'un certain docteur Vogel, le médecin attitré de Goethe ! Mme Demelius, qui avait été tenue sur les fonts baptismaux en présence du grand poète de Weimar, possède en outre quelques objets donnés par Ottilie von Goethe, la petite-fille de ce dernier. Non seulement Zweig est ému par cette incroyable rencontre, mais il ressent aussi un frémissement devant cette jonction de deux époques si éloignées l'une de l'autre. Il se demande si lui-même, à son tour, ne représente pas aussi un maillon de cette immense chaîne. Ce qui n'est pas sans conforter, à ses yeux, son rôle de médiateur, si important pour lui, et le conduit vers d'autres directions, aussi différentes que nouvelles.

En 1908, il entreprend de plus longs voyages. Il raconte dans son autobiographie que ce conseil d'aller au-delà des seules frontières de l'Europe lui aurait été dicté par Walther Rathenau dans un long entretien, un soir, entre vingt-trois heures et deux heures du matin. Ce grand industriel philosophe, qui devait jouer un rôle politique de premier plan en tant que ministre de la Reconstruction en 1919 et finir assassiné en 1922, a impressionné Zweig au plus haut point : sa culture, sa mémoire, son intelligence l'ont ébloui, ainsi que paradoxalement cette forme de doute si prégnante chez lui. Zweig se décide donc à partir pour l'Orient. Son itinéraire va notamment passer par Ceylan, Madras, Calcutta, Bénarès, Rangoon, l'Indochine… Il ne va pas garder un souvenir très positif ni de Ceylan, ni de l'Inde qui l'ont, d'une certaine manière, choqué et dérangé. Il a vu comment les cadavres étaient brûlés sur les rives du fleuve ou comment un vieil homme était laissé pour mort sans plus d'intérêt de la part des passants. Il en parle assez peu, finalement, alors que son périple a duré au moins cinq mois (de novembre 1908 à avril 1909). « L'Inde produisit sur moi une impression d'inquiétude et d'accablement à laquelle je ne m'attendais pas. Je fus effrayé de la misère de ces êtres émaciés, du sérieux sans joie que je lisais dans les regards sombres, de la monotonie souvent cruelle du paysage et surtout de la séparation rigide des classes et des races dont j'avais déjà observé un exemple sur le bateau [11] », note-t-il dans son autobiographie.

Être dans la position d'un riche Européen circulant pour son plaisir lui apparaît comme un retour narcissique embarrassant. L'impossibilité d'entrer en contact avec les gens qu'il croise ici ou là le laisse désemparé ; il n'y aura que sur les bateaux qu'il réussira à nouer quelques liens avec des Européens qui vont lui laisser des marques durables.

C'est justement sur le paquebot qui le ramène de Calcutta en Europe que Zweig choisit d'écrire son récit *Amok ou le fou de Malaisie* (publié en 1922 avec d'autres nouvelles sous le sous-titre évocateur de *Nouvelles d'une passion*). L'action a lieu sur le pont du transatlantique, où un passager décide soudain de relater la singulière aventure qu'il vient de vivre. Comme très fréquemment, Zweig se sert de la structure du récit enchâssé qui convient parfaitement au déroulé d'une confession psychanalytique (l'écoutant intervient assez peu, pendant que celui qui parle peut lui confier un secret pénible). La narration facilitée par la nuit et le roulis des vagues, également par le no man's land du voyage, met en scène l'histoire d'une incroyable passion dans le feu de ses méandres. Le narrateur, qui « traverse le monde comme un promeneur », revient d'un périple dont les images l'habitent encore ; il n'est pas tout à fait redevenu lui-même et peut d'autant mieux se glisser dans les visions de celui qui se présente ainsi à lui. Ce dernier, un médecin, se sent enserré dans ce qu'il nomme un « cercueil sur l'eau », car il est aux prises avec l'étouffement de la terrible histoire qu'il a endurée. Toute la nouvelle est émaillée de « je veux vous décrire exactement », « il faut que je vous dise précisément », « comprenez bien ceci », « n'oubliez pas »…, comme pour marteler davantage le déroulé d'une pensée embrasée qui doit absolument s'exprimer. À la fin, le narrateur finira par ne plus savoir s'il a rêvé ou s'il a vraiment rencontré cette figure fantomatique.

Une nouvelle à la forme similaire est *Le Joueur d'échecs*, avec la même structure de récit cadré et un bateau qui se rend cette fois de New York à Buenos Aires. Ces procédés narratifs, très typiques de l'œuvre fictionnelle de Zweig, lui ont sans doute été facilités par ses propres expériences où l'espace et le temps étaient distendus. Cette manière de tirer sur ces deux éléments, de façon à aller le plus loin possible dans les émotions et la description de tremblements intérieurs, restera d'ailleurs chez lui une vraie constante stylistique.

À son retour, il rencontre Jules Romains pour la première fois. Ce dernier est très impressionné par l'extrême aisance de cet homme cosmopolite, « l'élégance à la Marcel Proust » de cet Autrichien qui parle de son voyage aux Indes à la fois avec « l'adhésion la plus enthousiaste et la plus extrême réserve [12] ». Un mélange assez typique finalement de la personnalité de Zweig, légèrement survoltée et un peu en retrait, à la mesure de sa perpétuelle inquiétude.

Lors de cette même année 1908, charnière pour ses voyages, Zweig écrit une notice autobiographique pour une revue. Il réfléchit à ce concept de l'universel qui s'impose à lui avec tant de force, qui le pousse à quitter sans regret les frontières trop étroites de la nation mère. Le fait d'accumuler, d'engranger en lui tant de paysages et tant de sensations, le lie précisément à une forme de littérature plus vaste, plus ouverte. Ce sentiment de la « multiplicité, de la grandeur et de la force du monde, dans le simple spectacle des choses et pas seulement dans la réflexion » est pour lui un catalyseur de joie et de bien-être [13]. Il y a toujours un mystère à percer, une porte à pousser, des gens à rencontrer qui lui procurent une sorte d'ivresse. Plus tard, quand il sera si connu que ses voyages seront la suite logique de sa réputation d'écrivain à succès, il regrettera ces sensations d'avant où tout était toujours neuf.

En 1911, il se rend en Amérique, et commence par New York. La ville le fascine et l'émerveille. Cette métropole, dont il perçoit le pouls qui bat à toute vitesse, avec ses trépidations, ses bruits permanents et cette impression de rapidité qui emporte le regard, le comble de joie. Sur le pont de Brooklyn, il sent le parapet vibrer sous sa main et le vertige de cette puissance le saisit complètement. Pour ne pas réitérer l'expérience un peu malheureuse de Londres où il s'est senti exclu de la société, il décide de s'intégrer au monde du travail. Il se rend dans des bureaux de placement où il trouve aisément différents emplois et se félicite de toutes ces portes qui s'ouvrent à lui s'il le désire... Il comprend ainsi bien mieux la réalité du lieu, puisqu'il côtoie toutes sortes de gens. La vision de Stefan Zweig, jeune trentenaire raffiné et désœuvré qui va chercher du travail en compagnie d'autres immigrants moins favorisés que lui, a quelque chose de très décalé, peut-être aussi de terriblement pathétique... En tout cas, elle est l'expression d'une grande solitude.

Ensuite, il se rend à Philadelphie, à Boston, à Chicago, puis se dirige vers le futur canal de Panamá qu'il voit avant que les travaux ne soient finis. Il dit dans une lettre que l'Amérique a été importante pour lui ; le pays lui a sans doute donné une image du grandiose. Mais il n'en parlera guère par la suite, excepté dans des récits de voyage. Peut-être a-t-il fallu qu'il parte aussi loin pour pouvoir se tourner à nouveau vers l'Europe et avoir ce recul nécessaire et cette certitude que son ancrage ne pouvait se situer ailleurs.

Entre ces grands périples, il a fait quelques rencontres importantes, dont certaines liées à l'étranger, comme celle avec Verhaeren ou le Français Romain Rolland dont il a lu un ouvrage en 1907 — ils ne se verront qu'en 1910. Puis à Vienne, il rencontre Arthur Schnitzler, également en 1907, ainsi que Freud, en 1908. Des personnalités qu'il admire, presque écrasantes pour celui qui choisit d'être toujours un peu en retrait.

Vis-à-vis de Schnitzler, cela n'ira jamais jusqu'à une fréquentation amicale à proprement parler, ce dernier montrant quelques réticences. Il est alors âgé de quarante-cinq ans, tandis que Zweig, lui, n'en a que vingt-six. Le maître viennois répond toujours à ses lettres par de petits mots affables, mais assez distants la plupart du temps, à la mesure de ce que Zweig doit représenter pour lui : la figure d'un jeune ambitieux. Celui-ci ne se défait pas d'une sorte de politesse obséquieuse, ce qui est compréhensible quand on pense que Schnitzler a déjà publié *La Ronde*, *Anatole*, *Liebelei*, *Le Sous-Lieutenant Gustl*. Ce rapport inégal l'est d'autant plus que Zweig montre une dévotion sans bornes pour celui qui a été l'un des modèles de sa génération. Il est toujours très redondant dans ses compliments, ne cesse de l'encenser et d'applaudir son talent incomparable. Schnitzler fera un rêve très étrange qu'il lui décrit dans une lettre en 1914 : il se trouve avec Zweig dans un fiacre ouvert qui l'emmène jusqu'en Sibérie où il est condamné à six mois d'exil, mais craint en outre que Zweig ne veuille l'y laisser croupir pour toujours. C'est ainsi symboliquement que se traduit une défiance dont il semble avoir le plus grand mal à se défaire. Pourtant, avec le temps, Schnitzler va s'assouplir et rechercher même des conseils éditoriaux auprès de celui qui devient peu à peu son « cher Stefan Zweig » : la manière de négocier ses droits, les traductions pour l'étranger, tout ce fatras auquel Zweig est si rompu et qu'il décrypte aisément pour lui. Le plus étonnant est que Schnitzler aurait pu voir en lui un de ses épigones, car Zweig a, de son côté pendant leur relation, publié ses textes les plus prégnants, ceux qui ont cette tonalité psychologique si propre à leur univers commun. Schnitzler ne l'a-t-il que trop remarqué avec la vanité que l'on peut sans doute lui prêter ou a-t-il tout simplement refusé de considérer que Zweig s'approchait même de sa vision littéraire ? En général, Schnitzler ne fait qu'applaudir à la parution des derniers ouvrages de son cadet. Dans une lettre de 1926, en revanche, il se laisse aller à émettre l'une de ses rares critiques — constructive — sur un recueil de nouvelles de Zweig et lui suggère que toutes les possibilités de développement du récit n'ont peut-être pas été assez travaillées. Dans son Journal, il note de façon beaucoup plus lapidaire : « Stefan Zweig. *Confusion des sentiments*. Beaucoup de talent, beaucoup de tempo ; et pourtant pas vraiment d'un créateur, mais plutôt artificiel[14]. »

Comme il en prend vite l'habitude, Zweig n'oublie jamais de proposer à Schnitzler de lui faire connaître ses amis proches. C'est ce qu'il va notamment faire en lui présentant Romain Rolland.

Ce dernier est, comme Verhaeren, l'une de ses « découvertes ». Chez une sculptrice russe, il tombe par hasard sur un numéro des *Cahiers de la Quinzaine* dans lequel il lit *L'Aube*, le premier livre de *Jean-Christophe,* et se dit très surpris de voir un Français aussi averti de la culture allemande. Il aura quelque difficulté à trouver l'auteur qui se tient à l'écart et que personne dans son cercle d'amis parisiens ne connaît. Finalement, il lui écrit et ainsi, le plus simplement du monde... ils entrent en contact. En 1910, c'est chose faite, Zweig se rend boulevard du Montparnasse au cinquième étage et découvre, dans une chambre d'étudiant tapissée de livres, un homme habillé de sombre et un regard bienveillant.

> Dans cette modeste cellule monacale, le monde se mirait comme dans une chambre obscure... Ici, je sentais — et cela libère toujours en moi un sentiment de bonheur — la supériorité humaine et morale, une liberté intérieure sans orgueil, une liberté qui allait de soi pour une âme forte [15].

C'est également une conscience qu'il distingue, celle d'un homme engagé pour l'Europe, dont l'œuvre tend des passerelles entre la France et l'Allemagne. Les deux écrivains vont sympathiser. Si les phrases de Rolland résonnent tant dans l'âme de Zweig, la réciproque n'est pas tout à fait immédiate. Quelques commentaires intimes de Rolland ne sont pas en sa faveur. En 1914, Zweig lui présente Friderike sa future femme et Rolland note : « Zweig bien fatigant et terriblement juif. Mais je ne dois pas le critiquer ; il a été bon pour moi. » En 1917, il écrit encore : « La première impression de sa physionomie au nez allongé est d'une finesse sémitique qui met en garde la sympathie, et sa parole, un peu lourde, tenace et monotone (en français) n'est pas attrayante. Mais à mesure qu'on parle avec lui, on reconnaît la droiture et la noblesse de sa nature [16]... »

Que devra donc faire Zweig à chaque fois pour séduire et convaincre ?... Rolland, comme Verhaeren ou Schnitzler, lui sera redevable de ses interventions, de ses négociations, de ses coups de pouce permanents. Zweig à aucun moment exprime quoi que ce soit de négatif sur ses « pères » spirituels, leur offrant enthousiasme et admiration inconditionnelle. Tous lui reconnaissent un sens de l'amitié mais ne peuvent se retenir d'une certaine suspicion. Était-elle fondée ? La question se doit d'être posée. Zweig était-il un affairiste, quelqu'un qui se servait des autres ? Il faut distinguer d'un côté son incroyable succès avec la grande reconnaissance du public et de l'autre ses difficultés à imposer ce qu'il est en réalité : deux images qui ne se superposent pas et qui ont dû être douloureuses pour lui. Ses attitudes de soumission presque dévote envers ceux pour lesquels il s'implique sont tout au plus marquées par la fierté d'avoir su gagner une telle amitié, mais pas par d'habiles calculs. Zweig a un sens inné de la promotion, il sait tirer parti d'une situation ; mais pour ce faire il avance à découvert et ne fomente pas d'obscures machinations. Il a également une idée de la valeur du travail et ne craint pas de parler argent, peut-être parce qu'il n'a pas eu à se frayer un dur passage dans la vie.

Autre figure sujette aux questionnements, celle de Freud avec lequel Zweig va correspondre pendant trente ans à partir de 1908. Cette fois, la relation démarre mieux : Freud en vient vite à lui donner son sentiment sur son travail qu'il critique positivement et ne semble pas gêné par les transports affectueux de Zweig. Et pourtant, le problème va quand même venir précisément de cette attitude. Comme Zweig éprouve toujours le désir d'écrire sur ses maîtres, il veut donc aussi écrire sur Freud. Mais cette fois, il va placer son portrait hagiographique dans un ouvrage (*La Guérison par l'esprit*) qu'il articule autour de trois personnalités. Freud va ainsi se trouver lié à Mesmer et à Mary Baker-Eddy, successivement le découvreur du magnétisme et de l'hypnose, et la théoricienne d'une forme de négation de la maladie. Freud, qui avait évidemment un ancrage très scientifique, n'a pu que se sentir agacé par ces rapprochements, et cela d'autant plus qu'à cette période (1931), faut-il le rappeler, il était loin de faire l'unanimité. Il va donc réagir négativement. Ce qu'il reprochait déjà à Zweig — un certain amateurisme dans le maniement des notions psychanalytiques — est aggravé ici du fait que non seulement son œuvre, mais aussi sa personnalité sont passées au crible sans la rigueur requise : « [...] le gaillard est tout de même un peu plus compliqué [...] je sais que, dans l'art de la miniature, le format contraint l'artiste à des simplifications et à des omissions, mais on arrive alors facilement à une image fausse », écrit-il à Zweig [17], comme si ce dernier n'avait pas, malgré son talent, toutes les armes à sa disposition pour se lancer dans ce travail. L'objectivité n'est de toute façon pas un critère retenu par l'écrivain qui se situe davantage dans la volonté forcenée de convaincre et ne sort jamais de l'éloge.

Après tous ces périples, 1912 semble être une année plus sédentaire. Zweig a publié entre-temps en 1910 son essai sur Dickens et en 1911 un recueil de nouvelles intitulé *Première expérience*. Avant son *Dickens*, il a également écrit un texte sur Balzac en guise d'introduction à une édition de l'auteur français en langue allemande. Plus tard, il rassemblera ces deux mêmes essais avec un troisième sur Dostoïevski dans un ouvrage qu'il intitulera *Trois Maîtres*. Titre très significatif de la position de celui qui cherche surtout dans sa démarche à « sublimer, condenser, concentrer ». Comme il l'explique dans son introduction : « Chacun de ces artistes façonne une "loi de la vie", une conception de la vie à travers la multitude de ses personnages, dans une perspective si unitaire qu'il est en fait à l'origine d'une nouvelle forme du monde[18]. » Ces écrivains correspondent à des « types » psychologiques dont il cherche à révéler les mécanismes internes et secrets. L'influence de Taine n'est jamais loin — sujet, rappelons-le, de sa thèse —, avec l'idée d'un déterminisme qu'il lui importe d'étayer. Il souligne l'intérêt de Balzac pour la chimie dont il a su réinterpréter les formules réactives et autres subtiles unités dans sa littérature. Selon lui, Dickens excelle à faire ressortir ce qui est proprement anglais et décline une forme de modestie dans le creuset d'un humour savoureux, d'une malice fantaisiste. Il parvient ainsi à créer une forme de poésie du quotidien. À cela s'ajoute sa compréhension sans faille pour l'âme des enfants qu'il dépeint à ravir. Quant à Dostoïevski, c'est sa capacité à saisir la densité du monde, ainsi que cette faculté à comprendre les contradictions de l'âme que Zweig met en avant. Ainsi l'auteur russe a pu s'avancer beaucoup plus loin que quiconque dans la connaissance de l'âme humaine. Il est un grand psychologue avant l'heure et pénètre dans tous les mécanismes du psychisme.

La même année, Zweig revient une nouvelle fois à son Journal, après que celui tenu pendant sa période parisienne et londonienne lui a été volé. Il dit avoir véritablement souffert de sa disparition, car il vivait alors de façon très intense, et tout ce qu'il a pu noter s'est ainsi envolé. La raison qui le pousse à écrire ses réflexions est justement liée à la volonté de fixer les choses, afin qu'elles ne s'enfuient pas trop vite. Les parties de son Journal conservées touchent d'ailleurs pour la plupart à des moments de sa vie passés à l'étranger, ainsi pendant la Première Guerre mondiale, lorsqu'il se trouve en Suisse, ou en 1931 à New York, puis en 1936 en Argentine et au Brésil. La dernière année de son Journal, 1940, le voit réfugié à Londres. Comme si, loin de chez lui, il éprouvait davantage encore le besoin de se pencher sur lui-même. Dans l'ensemble, il mêle quelques réflexions inattendues sur ses rencontres féminines, de celles qui lui importent peu et les autres, quelques commentaires sur des écrivains et amis, des observations sur les moments de crise et de guerre. Là encore, il ne donne pas à ses notes un caractère fondamentalement personnel, il rend surtout compte d'une certaine situation, comme s'il cherchait par là même à attester de sa propre existence.

C'est en décrivant les autres qu'il est parfois au plus proche de lui-même. Ainsi, sur Rilke, dont il met en avant la véritable nature de poète, il écrit :

> [...] il dissimule toujours ce qu'il a de plus personnel, n'en fait pas étalage sous forme littéraire, mais le laisse pour ainsi dire dans l'ombre de sa vie. [...] Il est à coup sûr l'un de ces derniers et très rares hommes qui ont un style de vie à eux et interprètent le mot, l'essence du poète dans un sens intime, amplifié, et qui, se voilant, se livrant et se masquant, se donnent et se refusent à la fois [19].

Personne d'autre que Zweig ne pouvait être plus attentif à cette problématique du secret. Il ne cesse de décrire les autres et se contente pour ce qui le concerne de rester sur un terrain beaucoup plus factuel. Si l'on suit son analyse du poète pragois, et qu'on l'applique à lui-même, il apparaît avec une belle évidence que Zweig tait ce qu'il a de plus enfoui. Dans son œuvre, il reprend fréquemment cette idée qu'il faut préserver l'être le plus profond en soi tout en montrant d'autres signes à autrui. Ainsi, dans les premières pages de *La Confusion des sentiments*, le professeur reçoit un livre d'hommages de la part de ses étudiants à l'occasion de son soixantième anniversaire et s'avoue rapidement que le portrait qui est tracé de lui n'a rien en commun avec celui qu'il pense être le sien : « Tout y est vrai, seul y manque l'essentiel. Il me décrit, mais sans parvenir à mon être. Il parle de moi sans révéler ce que je suis [20]. » Ce qui peut être vu de l'extérieur n'a que peu de lien avec le souffle profond, le cœur essentiel du soi. En poursuivant un tel raisonnement jusqu'à ses dernières extrémités, cela vaut aussi pour les positions publiques que Zweig a eu tant de mal à prendre, comme si le regard des autres sur lui devenait un facteur inhibant. Au fur et à mesure de sa vie, des conférences et des lieux où il est invité, il montre de plus en plus de réticence à être sous les feux des projecteurs. C'est un nœud difficile à défaire, puisqu'il agit souvent de façon à être reconnu, mais s'effraie ensuite de ce qui découle de cette reconnaissance qu'il ne veut plus assumer.

Et pourtant, les descriptions que l'on fait de lui à cette période le montrent comme un jeune homme brillant, dont la tendance cosmopolite le confine peut-être dans une certaine superficialité. Ainsi Karl Kraus, le célèbre polémiste de *Die Fackel*, en fait un portrait quelque peu appuyé, entre la critique ironique et la perfidie facile.

> Cet élégant jeune homme au visage fin et nerveux dont on ne sait pas s'il est celui d'un poète ou d'un employé de banque, ce tempérament dynamique et entreprenant qui ne se départ jamais de la gentillesse appuyée du fils de bourgeois bien élevé, débordant d'idées artistiques, politiques, scientifiques, industrielles, qu'on trouve aujourd'hui au Canada, demain à Mariazell, aujourd'hui plongé dans une fresque poétique du passé et quelques jours plus tard dans le dossier du canal de Panamá [21]...

Finalement, les voyages entrepris par Zweig sont aussi pointés comme le nœud d'une problématique qui l'empêche de tenir son Journal aussi régulièrement qu'il le souhaite. Cela fait partie de ses contradictions, puisqu'il n'a de cesse de vouloir repartir, trouvant dans ses départs une dérivation à ses angoisses. Il explique que cela lui permet de rompre avec ses habitudes et surtout de se dégager de ce qui peut peser trop lourdement. Il a le désir d'un ailleurs presque mythique, d'une destination qui ferait qu'il pourrait être un autre et ainsi se débarrasser de l'encombrant Stefan Zweig. Quand il est ailleurs, il n'a plus à répondre à toutes les demandes qu'il a en général précédées et favorisées. Il mettra dans la balance sa vie de voyageur insouciant d'un côté et dans l'autre toutes les obligations pesantes du succès et du devoir.

Autre façon de tamiser son inquiétude, d'après son Journal : la multiplication de ses aventures avec des femmes. Ces aimables demoiselles ne sont que des corps qui l'apaisent un instant, des « épisodes » comme il se plaît à les nommer. Ces femmes, le plus souvent libérées du joug de la société, sont en général des actrices ou des danseuses, mais aussi nombre de femmes mariées qui s'ennuient et qui figurent en bonne place dans son tableau de chasse. Dans cet étrange ballet féminin, l'année 1912 est particulière : il rencontre celle qui va devenir sa femme, Friderike von Winternitz. La relation s'ébauche par des rendez-vous dans plusieurs villes étrangères, puis par un séjour à Paris durant lequel Zweig semble vouloir l'oublier avant de se décider enfin à l'épouser.

Au tout début, dans son Journal, il note à quel point il est touché par elle, par sa sensibilité et sa délicatesse, mais veut se défendre de toute notion érotique, comme s'il attendait bien d'elle un rôle aimant mais maternel. Friderike von Winternitz, née Burger, âgée de vingt-neuf ans, est déjà mariée et a deux filles, Alix Elisabeth et Suzanne Benedictine (dite Suse). Elle a épousé en 1906 Felix von Winternitz, un garçon un peu mou qui la laisse mener sa vie à sa guise. Depuis peu, il ne vit même plus avec elle et elle doit subvenir seule aux dépenses de son ménage avec ses filles, ce qu'elle fait grâce à ses différents écrits. Lors d'une unique échappée à Vienne, elle aperçoit de nouveau Zweig qu'elle avait déjà entrevu quelques années auparavant. Elle ne peut s'empêcher de voir là un signe du destin. Écoutons-la raconter sa vision : « Ce n'était plus un jeune homme bohème, mais un monsieur soigné, de belle apparence, habitué à s'adresser aux femmes d'un regard qui rendait toute parole superflue [22]. » Elle est en train de lire un recueil des poésies de Verhaeren que Zweig a traduites. Spontanément, elle lui écrit une lettre pour lui dire à quel point sa traduction est belle, en lui laissant une adresse poste restante, et y joint un exemplaire d'une rubrique publiée dans un journal viennois qu'elle a signée F. M. von W. Une correspondance sentimentale commence entre eux, qui dure plusieurs semaines. Puis les événements se précipitent. Chargée par un journal du compte rendu de la première de la nouvelle pièce de Zweig au Burgtheater, elle finit par accepter l'invitation de l'écrivain qui lui demande de le rejoindre à Lübeck afin qu'ils fêtent ensemble son anniversaire. Ils sont très attirés l'un par l'autre, mais encore indécis. Attaché à sa liberté, il lui ouvre pourtant les portes de son monde ; elle devient une partenaire passionnée lors de discussions littéraires interminables et fructueuses. Il l'encourage à poursuivre son travail d'écrivain et la pousse à publier le roman qu'elle vient de terminer. Dans la pratique, chacun reste encore dans le creuset de sa vie, lui, poursuivant ses différents voyages à Leipzig, Prague ou Paris, elle, dans divers lieux de cure où elle accompagne sa fille cadette dont la santé est chancelante.

Lors d'un séjour à Paris, Zweig a une liaison avec une jeune modiste, Marcelle, avec laquelle il vit une véritable extase physique. La jeune Française lui enseigne la fougue, mais aussi une forme d'abandon. Marcelle croit même être enceinte et tous les deux rêvent déjà d'un petit Octave ! Malgré leur ardeur, les deux amants savent que leurs semaines sont comptées. Zweig doit repartir et Marcelle se fera avorter avant son départ ; en outre, même si son attachement est certain pour elle, Zweig penche définitivement du côté de Friderike. Discrètement présente, cette dernière ne lui pose d'ailleurs jamais d'ultimatum. « Tu ne dois pas te sentir le moins du monde lié par moi, ni même entravé dans ta liberté de mouvements quand quelque chose est bon pour toi », précise-t-elle pour renchérir lors de son nouveau départ pour Paris sur l'influence néfaste qu'exerce Vienne sur lui et sur la nécessité pour lui d'être ailleurs. « Je déteste Vienne parce qu'elle entrave ton être authentique, clair, tel qu'il rayonne avec tant de bonheur dans tes lettres quand elles viennent de loin[23]. »
L'attitude de Friderike est à ce point compré-

hensive, que Zweig ne lui cachera jamais ses liaisons qu'il prendra même l'habitude de lui décrire… À elle, la relation privilégiée autour de son travail et de ses préoccupations littéraires, ainsi que le repli devant le monde ; à lui, la création et les « écarts » sentimentaux sans lendemain… Face à une telle générosité, Zweig se demande s'il mérite cette femme exceptionnelle et note dans son Journal :

> Ces lettres venues de loin, que m'écrit F. Elles sont si pleines de bonté, d'abnégation, que je me demande pourquoi Dieu m'a fait un tel cadeau, à moi qui m'en sais indigne à cause de la froideur de mes sentiments, du gâchis de ma vie, de l'épouvantable marasme de mon ambition. Voilà, si je ne suis pas condamné à me perdre entièrement, qui doit m'aider[24].

Il a choisi, et pour sceller leur union, il émet le vœu que Friderike (puisque le divorce et le remariage sont interdits dans la très catholique Autriche) se sépare officiellement de son mari.

Pourtant lors d'un nouveau séjour parisien en 1914, il revoit Marcelle tout en invitant Friderike à venir le rejoindre. Il n'a envie de se passer ni de l'une ni de l'autre. Il présente alors à cette dernière tous ses amis, dont Romain Rolland. Mais lorsque Friderike lui demandera de rompre définitivement avec la petite modiste, Zweig s'exécutera.

Dans une lettre à Friderike — leur correspondance sera d'autant plus ample qu'il sera souvent en partance —, il lui confie en 1919 à quel point les voyages le régénèrent. Il se sent plus libre, à nouveau lui-même, sans la lourdeur de ses engagements et de son emploi du temps habituel. Il restera toujours hanté par la pensée de se remettre en route. D'ailleurs, Friderike ne cessera de l'encourager afin de lui éviter l'affreux ennui dans lequel il sombre si rapidement. Les déplacements avec leurs nouveautés seront une panacée absolue, un remède contre tous ses maux. Après 1933 cependant, le remède ne sera plus aussi efficace : les frontières n'étant plus aussi poreuses qu'auparavant, Zweig ne sera plus qu'un être en fuite dont les voyages seront sans retour.

Fin juin 1914, il se trouve à Baden, près de Vienne. Tout à coup, la musique s'arrête, des affiches sont placardées qui annoncent l'attentat de Sarajevo. Malgré son inquiétude, Zweig ne renonce pourtant pas à son voyage estival en Belgique. À Ostende où il se trouve, la déclaration de guerre de l'Autriche-Hongrie à la Serbie le contraint à interrompre son séjour. Le « monde d'hier » est lentement en train d'expirer.

L'Européen et l'humaniste

[...] cette union désirée des nations sous le signe de la culture générale[1].

Avant que n'éclate la guerre, Zweig est revenu à la forme théâtrale. Son *Thersite* avait attiré l'attention d'un autre grand comédien, Josef Kainz, qui lui demande de créer une pièce sur mesure pour lui. Ce sera *Der verwandelte Komödiant* (*Le Comédien métamorphosé*), « un divertissement du rococo allemand » que l'acteur fait accepter sur ébauche au Burgtheater de Vienne. Alors que Zweig est prêt à rendre sa copie, Kainz doit subir une intervention chirurgicale. Quelques mois plus tard, il meurt d'un cancer. C'est la deuxième tragédie liée au théâtre qui frappe Zweig, mais l'écrivain refuse la fatalité et persiste avec, en 1911, un nouveau sujet, *Das Haus am Meer* (*La Maison au bord de la mer*), qui relate un curieux épisode historique : les Allemands enrôlés de force pendant la guerre d'Indépendance américaine. Cette fois-ci, il n'y a pas de comédien célèbre et aucun signe funeste à l'horizon. Mais c'est sans compter sur le mauvais hasard qui frappe encore avec, cette fois, la mort du directeur du Burgtheater deux semaines avant les répétitions ! Malgré tout, la pièce est montée dans ce théâtre si mythique qui le faisait tant rêver et qui représente la consécration d'une carrière. Plus tard, dans son autobiographie, il se dira, fidèle à sa théorie inspirée par Taine, que ces événements, apparemment tragiques, portaient justement quelque chose de positif. S'il avait dû avoir un succès dramaturgique dès ses vingt-six ans, il ne serait peut-être pas né au monde comme il l'a fait ensuite. « On apprend plus tard que la véritable orientation d'une vie est inscrite au plus profond de soi[2] », énonce-t-il. Pour clore ces invraisemblables coïncidences, il faut presque rajouter un quatrième épisode avec un autre grand acteur, Alexandre Moissi, dans les années 30. Ce dernier le sollicite pour la traduction d'une pièce de Pirandello. Zweig s'exécute, mais Moissi attrape la grippe quelques semaines avant les répétitions et... meurt. Entre-temps, Zweig, qui ne veut pas écouter ces manifestations saugrenues du destin, va heureusement écrire et adapter d'autres pièces, sans que cette fatalité le rattrape encore.

La guerre est déclarée et Zweig semble n'avoir rien vu venir. Rétrospectivement, il se souvient de tensions et d'étincelles prêtes à jaillir, d'un contexte un peu morne et usé dû à l'âge avancé de l'empereur (quatre-vingt-cinq ans) que viennent troubler les pressions toujours plus fortes des nationalismes. Il a pu pourtant observer quelques signes, il a assisté à des réunions politiques et a rencontré des personnalités engagées. Ainsi la baronne Bertha von Suttner, qui a douloureusement vécu la guerre de 1866 et qui, depuis, s'est dévouée à la cause pacifiste. Celle que Zweig compare à une Cassandre organise des meetings sur ce sujet et signe un brûlot très engagé, intitulé clairement : *Bas les armes!*. Elle va gagner à ses idées l'inventeur de la dynamite, Alfred Nobel, et se verra récompensée en 1905 par le prix Nobel de la paix. Un jour, elle accoste Zweig dans la rue et tout en lui faisant valoir à quel point la situation s'est envenimée, elle le supplie d'agir (elle meurt elle-même en 1914 une semaine avant le coup de feu de Sarajevo). Un peu auparavant, Zweig a également vu Jaurès à Paris qui l'a fortement impressionné. Ce dernier l'interroge précisément sur l'impact que pourrait avoir la baronne von Suttner dans l'empire et face à la réponse plutôt négative de Zweig, Jaurès déclare nettement : « Mais c'est précisément comme elle qu'il faut être : opiniâtre et coriace dans son idéal. Les grandes vérités n'entrent pas d'un seul coup dans la cervelle des hommes, il faut les enfoncer, sans relâche, clou après clou, jour après jour[3] ! » Romain Rolland à sa manière, aura la même attitude, en multipliant les avertissements dans une vision résolument humaniste.

Cet été 1914, Zweig se trouve donc en Belgique. Il doit se rendre comme chaque année au Caillou-qui-bique pour passer quelques jours avec Verhaeren et sa femme. À Ostende où il s'est d'abord arrêté, les gens semblent très insouciants. Chez le peintre James Ensor, où il se trouve pour l'après-midi, tous s'accordent à dire que la guerre est impossible. Zweig affirme à ses amis que jamais au grand jamais les Allemands ne pénétreront en Belgique. Qu'il soit pendu à la lanterne s'il se trompe... Pourtant, le paysage si serein et si estival de ce bord de mer est soudainement envahi par des soldats de l'armée belge. Zweig se décide alors à rentrer chez lui et, sur le chemin du retour, commence à prendre la mesure de ce qui se passe. À Vienne, il est saisi par une curieuse atmosphère, probablement de celles d'avant les orages, comme chargée d'une intensité presque sauvage ; pourtant il sent déjà une sorte de nouvelle fraternité. « Chaque individu éprouvait un accroissement de son moi, il n'était plus l'homme isolé de naguère, il était incorporé à une masse, il était le peuple, et sa personne, jusqu'alors insignifiante, avait pris un sens[4]. »

Zweig signifie dans une lettre à Kippenberg, son éditeur, qu'il sera vraisemblablement incorporé dans les jours qui viennent et qu'il souhaite prendre toutes ses dispositions sur ses textes et d'éventuelles éditions. À un autre collaborateur, il indique que l'heure n'est malheureusement plus aux traductions de livres français et que la diffusion de cette culture dans la langue allemande est devenue désormais impossible. La loyauté chez Zweig le fait se ranger tout de suite du côté allemand plus que du côté autrichien qui lui importe apparemment bien peu. Ce qui vient en premier, chez lui, c'est avant tout sa culture germanique, celle des

Lumières bien plus que son identité de Viennois. Son adhésion enthousiaste est encore pour l'instant entière, il ne la met pas en doute. Bien qu'il soit un francophile averti, il pense, dans un premier temps, comme il le précise à Kippenberg, que les événements sont dus à l'arrogance de la France. Il ira même jusqu'à excuser le bombardement de la cathédrale de Reims par l'armée allemande, pensant a contrario qu'il pourrait s'agir d'un piège tendu par les Français cherchant à jeter leur ennemi dans une situation inextricable.

Cette conscience germanique va être de plus en plus douloureuse à vivre, car Zweig n'est justement pas allemand. « Je ne suis qu'en perpétuel conflit, toujours ennemi de moi-même, je déteste chaque jour et chaque heure[5] », note-t-il dans son Journal. En septembre 1914, il écrit un article pour un grand journal allemand, le *Berliner Tageblatt,* « Aux amis de l'étranger », portant l'espoir vibrant qu'ils puissent se retrouver bientôt pour marcher ensemble vers une Europe pacifiée. Une manière d'accepter le prix à payer afin de voir émerger un nouvel ordre. Cela lui vaut une réponse par courrier de Romain Rolland avec lequel il entre ainsi en correspondance. Zweig lui dit en octobre 1914 vouloir questionner la part de responsabilité française sur ses propres affirmations et ses propres agissements. La haine est détestable et méprisable, explique-t-il, et sur chaque versant les souffrances sont réelles. Il se sent lui-même dépassé face aux événements. Dans une autre lettre datée du même mois, Zweig évoque la dignité de leurs deux pays situés « au cœur » de l'Europe. Il propose également de former un comité qui rectifierait toutes les fausses informations dont ils sont abreuvés des deux côtés. En novembre 1914, il s'exclame : « Je dois quitter la maison en flammes de ma vie intérieure, comme un fugitif, nu et dépouillé de tout, pour aller où — je n'en sais rien[6]. » Il ne sait que souffrir et se taire.

Entre-temps, reconnu comme inapte au front à trente-trois ans, il est toutefois déclaré bon pour le service et va être transféré en décembre aux archives de guerre dans la Stiftkaserne de Vienne. Il porte l'uniforme, heureux d'être au moins au sein de ce qui se passe. Avec lui sont affectés d'autres écrivains, dont Alfred Polgar, Albert Ehrenstein, Franz Werfel et R. M. Rilke, tous chargés d'améliorer le style militaire avant les communications à la presse ainsi que de l'écriture du journal officiel *Österreich-Ungar in Waffen* (« L'Autriche-Hongrie en armes », qu'un petit malin baptise immédiatement *Österreich-Ungern in Waffen*, « L'Autriche en armes à contrecœur »). Des travaux de propagande donc pour le simple conscrit et poète comme il se nomme lui-même, qui obtiendra bientôt le grade de caporal.

Quasiment à la même période, Verhaeren publie un poème qu'il a intitulé *La Belgique sanglante*, tout d'abord en anglais dans *The Observer*, puis en français, où il décrit les atrocités des soldats allemands qui coupent les pieds des petits enfants belges :

Et quand ils rencontraient quelque Teuton frappé
Par une balle adroite, au bord du chemin proche,

Souvent ils découvraient, dans le creux de ses poches,
Avec des colliers en or et des satins fripés,
Deux petits pieds d'enfant atrocement coupés [7].

Zweig est atterré devant ce déferlement soudain de haine de la part de son maître vénéré. Effondré, il se réfugie auprès des deux êtres qui comptent le plus pour lui à ce moment, Rolland et Friderike dont il sent qu'elle peut toujours l'apaiser. La correspondance avec Rolland continue tant bien que mal, malgré la censure et quelques lettres qui n'arrivent pas. Ce dernier publie en 1915 une série d'articles, *Au-dessus de la mêlée*, où il interpelle la jeunesse : il veut lutter contre la haine et rester fidèle à ses amis étrangers, puis il se met au service de la Croix-Rouge et de l'agence internationale pour les prisonniers de guerre, exhortant son ami à le rejoindre dans la voie de l'action.

Dans son autobiographie, Zweig insiste pour dire à quel point, à cette époque, leurs convictions étaient novatrices. Du seul côté germanique, Zweig ne peut décider encore personne : Rilke se refuse à tout engagement, tout comme Hofmannsthal et Jakob Wassermann ; d'autres sont résolument contre, ainsi Dehmel qui fait fièrement précéder sa signature de son grade militaire ou encore Thomas Mann qui se range du côté allemand.

À l'annonce de l'entrée de l'Italie dans le camp ennemi, Zweig se sent cerné : ses deux patries de cœur lui sont désormais fermées. D'après Friderike, ce serait le début réel de sa dépression. Il parle de crise effroyable, de catastrophe, d'une absurdité fatale, de suicide de l'Europe, le tout avec un vocabulaire très fort, car il constate amèrement l'anéantissement de ses valeurs. Verhaeren récidive alors de son côté avec un autre pamphlet, ce qui porte un nouveau coup à Zweig.

En juillet 1915, il est envoyé en Galicie afin de rendre compte de ce qui s'y passe, car la région a été reprise aux Russes. Ce qu'il voit est terrible, des villages ravagés, des sites bombardés, une misère abominable, des gens hagards et affamés ; il côtoie la souffrance et la peur. Surtout dans les trains sanitaires dont l'odeur pestilentielle de sang et de mort ne le quitte pas. Mais il découvre aussi une forme de solidarité et de compassion entre tous ces déshérités. Il note aussi l'organisation de l'armée allemande, tandis que le côté autrichien se laisse sans cesse dépasser par une incroyable négligence. Personne dans les bureaux, des trains aléatoires, il faut donc beaucoup attendre. Il reste en mission environ une semaine et, dès son retour, rédige un rapport.

Retrouvant peu à peu le goût du travail, évacuant lentement ses idées noires, il se réfugie auprès de Friderike qui lui est d'un immense secours, le soutient constamment et reste près de lui autant que faire se peut. Jamais il ne lui cache ses « épisodes » féminins, tandis qu'il doit se déclarer plus ennuyé qu'il ne le croit quand il voit un prétendant sérieux s'engager pour elle. « Elle perçoit avec une certaine irritation le contraste avec moi », note-t-il dans son Journal. Fidèle à son attitude de non-engagement, il pense d'abord ne pas s'en mêler et laisser la situation suivre son cours au risque de la perdre : « La loi de mon existence est de ne rien retenir, de ne rien désirer, de n'attraper que ce qui vient à moi, ce qui reste à moi. Mais cette fois, ça ne m'est pas facile[8] », confesse-t-il un peu plus tard. Devant la décision de Friderike de ne pas donner suite à sa nouvelle relation, il finira par lui demander de l'épouser dès que sa situation légale le permettra.

Il a le projet d'une nouvelle œuvre, une pièce de théâtre, *Jérémie,* qui marque sa foi nouvelle en la paix. De 1916 à 1917, ils vivent à l'extérieur de Vienne, près de Rodaun, à Kalksburg, dans deux pavillons séparés par le même jardin. Non loin se trouvent également Hofmannsthal et Rilke, ce dernier venant souvent leur rendre visite. Zweig participe à la revue pacifiste d'un ami de Romain Rolland, Louis-Charles Baudouin, *Le Carmel de Genève,* et envoie une contribution intitulée *La Tour de Babel,* se servant du symbole de la fameuse tour en ruine qu'il s'agit de relever et d'édifier à nouveau afin d'atteindre le ciel. Lorsqu'il a terminé son *Jérémie* qui paraît à Pâques 1917, il est surpris devant l'accueil enthousiaste que son travail a suscité. Vingt mille exemplaires s'arrachent immédiatement. Les louanges tombent, Thomas Mann désigne *Jérémie* comme l'œuvre poétique de la guerre, et les théâtres se disputent la possibilité de la monter. Zweig, qui l'a écrite dans la volonté de résister aux courants et au conformisme de son époque, s'étonne de voir que ce qu'il considère comme un refus personnel trouve un si grand écho.

Il est vrai que la guerre fait rage depuis deux ans et que les idéaux bellicistes s'évanouissent peu à peu. Il s'est emparé d'un thème biblique, et plus important encore, il est allé chercher dans ses origines juives le creuset profond de ses réflexions. Jérémie est le « visionnaire des choses cachées », car il veut empêcher la guerre de Sédécias, le roi des Juifs contre Nabuchodonosor. La défaite sera sanglante, mais Jérémie parvient à redonner aux vaincus le sentiment de leur grandeur et affirme justement le pouvoir de leur supériorité a posteriori. Si le peuple est soumis par la force, il reste encore la valeur de la résistance. Jérémie est l'incarnation de la mise à l'épreuve qui, se transfigurant lui-même, magnifie son peuple entier :

> Je veux étreindre de mon amour ceux que j'ai foulés de ma colère, ceux à qui j'ai craché mes malédictions, je veux les désaltérer de mes larmes. Terre que j'ai injuriée, reçois en ta bonté mes humbles genoux ; Dieu que j'ai méconnu, reçois en ta clémence la parole de ma foi...[9]

Zweig, qui a accompli là un travail de catharsis, a le sentiment de s'être mis à nu ; c'est l'une des raisons pour lesquelles il ne veut pas que l'on réduise son *Jérémie* à une pièce uniquement juive. Il s'en explique notamment à l'écrivain et philosophe Martin Buber dans une lettre datée de 1916. Sa position en tant que juif doit demeurer flottante, « ce qui nous manque, c'est la *certitude, l'insouciance* », lui écrit-il, comme si le fait d'être juif était « la révélation d'une incertitude, l'envers d'une peur, d'un sentiment d'infériorité[10] ». Il répète ici le même principe qu'il avait déjà énoncé dans sa nouvelle *Dans la neige,* qui soulignait cet aspect propre à sa culture juive, mais qu'il ne voulait en aucun cas ériger en tant que dogme ou prise de position. Malgré sa popularité inattendue, Zweig pense que le sujet de sa pièce ne peut pas être monté sur une scène théâtrale en pleine période de guerre. C'est de fait le théâtre de Zurich en Suisse qui est déterminé à la faire jouer.

Entre-temps, lors d'une permission, il s'est rendu à Salzbourg où Friderike le rejoint. En haut du Kapuzinerberg, où ils sont partis en excursion, ils aperçoivent une longue maison à fière allure avec sa tourelle, le tout assez endommagé. « Elle était entourée d'un très vieux mur couvert de lierre, se trouvait adossée au Waldberg sur le plus haut plateau d'un jardin grimpant en terrasses, totalement à l'état sauvage. Le bâtiment simple en soi avait du fait de sa situation dominante l'allure d'une vieille demeure seigneuriale », décrit Friderike[11]. Plus tard, dans une annonce, ils lisent que cette même bâtisse est à vendre. Zweig demande à Friderike de s'occuper de l'achat et de l'aménagement, ce qui, étant donné la vétusté de la propriété, s'avère une tâche des plus lourdes. Sans électricité ni système de chauffage, et doté d'une plomberie défectueuse, ce pavillon de chasse du XVIIe remanié un siècle plus tard possède un charme indéniable. Friderike se charge de tout, Zweig est d'accord, il ne revient même pas sur les lieux. De toute façon, la maison est loin d'être habitable.

Le jour des trente-cinq ans de Zweig, le 28 novembre 1916, Verhaeren est renversé à Rouen par un train, symbole meurtrier d'un progrès qu'il avait tant célébré. Affecté, Zweig se remémore tout le versant de cet homme qu'il a tant admiré et écrit à Rolland : « Il m'a fait connaître, en sa noble pureté, comment la simplicité de vie est une condition essentielle de la liberté d'âme ; il m'a fait voir comment on doit faire de l'amitié le fondement de sa vie, comment on doit se donner sans espoir de retour, pour la seule joie de se donner. Ce qu'il y a de bon en moi c'est à lui que je le dois[12]. »

Afin d'assister aux répétitions de sa pièce, Zweig cherche à obtenir l'autorisation de se rendre en Suisse. « Le ministère de la Guerre donnera-t-il son accord ? Ce que cela signifierait pour moi !... sentir l'air de l'Europe... deux mois de liberté[13] », s'exclame-t-il. Comme si, tout à coup, par l'ouverture d'une frontière, il pouvait respirer à nouveau. En novembre 1917, il part en compagnie de Friderike qui, elle, est mandatée par l'Association générale des femmes d'Autriche avec laquelle elle est en relation depuis le début de la guerre. Elle s'est engagée très rapidement dans l'élaboration d'un comité international en faveur de la paix, par l'entremise de Romain Rolland. En Suisse, elle doit donner des conférences sur la situation des femmes et des enfants de Pologne. Les voici donc arrivant dans un pays de Cocagne où les vivres sont en abondance, où les visages sont plus détendus et tout paraît soudain étonnamment absurde. À quelques kilomètres de là, des gens meurent ou se rongent d'inquiétude pour leur famille... Après avoir bu son premier vrai café et fumé une vraie cigarette, Zweig a presque un malaise, tant son corps habitué aux succédanés réagit fortement. Il vit le même éblouissement avec la découverte de la ville, le calme, les lumières paisibles, les journaux qui ne sont pas censurés... la nature même paraît intacte. Il est heureux de retrouver à Villeneuve Romain Rolland, qui lui apparaît comme *la* conscience morale de la paix en l'Europe. À nouveau il se sent régénéré. Comme toujours, Rolland l'impressionne, lui qui travaille nuit et jour pour la Croix-Rouge et qui trouve encore le moyen d'écrire son journal, une importante correspondance, et de mettre fin à son *Clérambault*.

À Genève, il rencontre d'autres personnalités dont Pierre Jean Jouve, René Arcos et le graveur belge Frans Masereel qui fera de beaux portraits de lui. Puis à Zurich devenue ville refuge pour les opposants, comme Trotski qui s'y est installé, il va faire connaissance d'un étrange personnage, un écrivain anglo-saxon aux lunettes épaisses et à la barbiche foncée : Joyce, qui élabore son *Ulysse* et qui lui paraît dur et fermé. Mais l'atmosphère de la petite ville, qui bruisse d'espions à toutes les soldes et de conspirations à tout crin, est un peu trop agitée à son goût. Les exilés composent un tissu trop serré où les conflits de tout bord prennent vite d'insupportables proportions. Zweig reste méfiant face aux provocations et à tout ce qui semble agiter les uns et les autres. Ce qui pouvait apparaître comme une libération de l'extérieur se redessine comme un enfermement peut-être encore plus terrible, car cette fois sans d'autre issue qu'un retour au pays. Écrivant à Rolland, il évoque sa situation qu'il trouve aussi engluée que s'il se trouvait pris dans les tentacules d'une pieuvre et ne sait que se retirer dans sa chambre et écrire. La politique est pour lui un monstre qui envahit et coince les meilleures volontés dans d'inextricables contradictions. Cependant, il œuvre dans le sens d'une action commune de réconciliation, ainsi partage-t-il avec Pierre Jean Jouve des lectures de leurs textes respectifs. Seuls le travail et la concentration semblent pouvoir le sauver du désespoir.

Fin novembre 1917, il a rédigé son testament dans lequel il affirme, résolu, libre de toute influence et sain d'esprit, refuser de se servir d'armes contre d'autres. C'est un vrai message d'objecteur de conscience qui énonce clairement une position de non-violence. « Je n'ai pas la vanité de me faire martyr et je ne cherche pas le conflit, je ne cherche pas le danger… Je suis prêt à combattre contre l'assassinat, et c'est le seul combat qui me semble encore nécessaire et inévitable à l'heure qu'il est[14]. » Il l'a remis à Rolland dans une enveloppe cachetée en lui précisant de ne l'ouvrir et de ne le publier que s'il le lui fait savoir par message codé.

Malgré son malaise, il se refuse à toute tentation de rentrer en Autriche. Son congé arrive pourtant à son terme. Friderike prend le problème à bras-le-corps et va plaider sa cause à Vienne auprès d'amis influents afin de le libérer de sa charge militaire. Elle fait intervenir un ami de toujours qui est le fils du directeur de la *Neue Freie Presse* et qui pourrait obtenir pour Zweig un contrat de correspondant permanent en Suisse, avec à la base l'envoi d'une rubrique littéraire mensuelle. Friderike accompagnée de sa fille Suse, dont la santé reste délicate, revient lui annoncer la bonne nouvelle. Zweig peut désormais se consacrer à son travail, il reprend l'écriture de son *Dostoïevski*, et part avec Friderike à Saint-Moritz où il a tout de même du mal à accepter leur situation, comme il l'écrit dans son Journal : « Écœurant. Cette insouciance dans l'existence. On a honte d'y participer[15]. » Il ne souhaite voir personne, mais finit par partager de nombreux moments avec la poétesse Else Lasker-Schüler (dont il avait déjà fait la connaissance à Berlin en 1902), ainsi que les écrivains Franz Werfel et Annette Kolb (fille d'un Allemand et d'une Française, cette dernière avait insisté dès 1915 sur sa double origine et les fausses images que les deux nations se renvoient l'une de l'autre) avec lesquels il partage de merveilleuses conversations.

Lorsque *Jérémie* est enfin représenté, le succès est au rendez-vous et les critiques sont en majorité élogieuses. Les lettres que Zweig envoie à Rolland sont empreintes de sa volonté de se plonger dans le travail, d'ignorer la politique et de se (re)trouver. Il se met à l'écart et ne parvient déjà apparemment plus à profiter de ce que la vie lui apporte, inquiet et tourné vers les souffrances plutôt que vers les versants positifs de l'existence. En mars 1918, il quitte Zurich pour aller au bord du lac à Rüschlikon et cherche dans cet isolement de nouvelles forces. Seules les visites de son ami Masereel le distraient un peu, d'autant qu'ils se laissent aller tous les deux à des plaisanteries de potaches. Il voit également Robert Faesi, un essayiste suisse spécialisé dans l'histoire de la littérature de son pays.

Il termine son *Dostoïevski*, qui a été un labeur de longue haleine, plusieurs fois repris et laissé de côté, un essai symbolique de ce qu'il a décidé d'entreprendre. C'est tout d'abord un écho du travail de Romain Rolland qui s'est déjà de son côté illustré dans ce type d'ouvrages : un *Beethoven* en 1903, un *Michel-Ange* en 1905, puis un *Haendel* en 1910 et un *Tolstoï* en 1911. Mais Rolland semble ne plus vouloir continuer, embarrassé par ce qu'il décrit comme le côté « exemplaire » de la présentation de ces vies. « Le sens de la justice s'est tellement raffermi chez Rolland qu'il refuse à présent la biographie, plus ou moins fondée sur une carence[16]. » Ce n'est pas la conviction de Zweig qui, avec son *Dostoïevski,* s'est efforcé d'élaborer une formule : un portrait littéraire et psychologique qui tente, à la fois sur l'homme et sur l'artiste, de débusquer ce qui est caché. Il suit un chemin tortueux et compliqué pour mener jusqu'à l'âme de l'auteur. Sa méthode d'observation, ses descriptions qui s'évertuent à saisir l'insaisissable jusqu'à la lancinante question du sens de l'existence sont brossées avec un lyrisme bavard. Il partage son texte en différents chapitres thématiques, et selon la même méthode systématique, s'attache d'abord à rendre une sorte de portrait physique modelé par des caractéristiques mentales et spirituelles. Le visage de Dostoïevski est d'après lui comme celui d'un paysan dont la particularité est d'aller chercher au plus profond de ce qui est enfoui. Freud, toujours très attentif à ses publications, lui donnera un commentaire sur l'essai intitulé *Trois Maîtres* et qui contient donc les portraits de Balzac dans sa version courte, de Dickens et de Dostoïevski. Sur les deux premiers, Freud le félicite, mais se montre plus réservé sur le dernier. Il analyse sa technique de la façon suivante : « Ce qui m'a surtout intéressé, ce sont les procédés d'accumulation et d'intensification grâce auxquels votre phrase s'approche toujours plus près et comme à tâtons de l'être le plus intime de ce que vous décrivez. » Avec brio, il lui explique le profil psychologique de l'auteur russe, lié à une scène primitive de l'enfance et qui présente une « double attitude vis-à-vis du père (de l'autorité), la soumission voluptueuse du masochiste et la rébellion du révolté [17] ». Zweig lui répondra avec une gratitude éblouie.

Ce qui s'impose si fortement dans le style de Stefan Zweig, c'est cette hypersensibilité, ces frémissements à fleur de peau qu'il excelle à rendre, ce qu'il appelle lui-même son « flair atmosphérique [18] », mais qui procèdent d'une nature qui ne supporte aucune contrariété et qui est très vite déstabilisée. Il est accablé par sa montagne de courrier, ne supporte pas le spectacle de la douleur et des difficultés d'autrui : ses amis, comme Jouve, qui vivent dans une grande pauvreté, d'autres qui ont été blessés au front, tout se conjugue en tourment permanent. Lui, qui est à peu près à l'abri des contingences matérielles, ne le vit pas mieux, car il se heurte à sa propre culpabilité de fils de capitaliste en ces heures de réflexion révolutionnaire. Dans le journal de guerre tenu par Friderike, elle indique à quel point il est difficile de l'apaiser de manière continue, car il trouve toujours de nouvelles raisons de sombrer dans la dépression et de laisser parler sa nervosité. Parallèlement, malgré son aide discrète et aimante, il n'hésite pas à lui jeter au visage ses infidélités répétitives. Friderike souffre en silence...

Avec ses amis hommes, ses crises semblent un peu s'endiguer ; de fait, il redevient insouciant et presque joyeux lorsque Masereel lui rend visite. Il fait à Rolland des déclarations d'amitié fortes, n'hésitant pas à se blâmer pour sa propre froideur et son manque de spontanéité. Même quand il aime, il ne sait pas le manifester et souffre lui-même de son incapacité à extérioriser ses sentiments.

Il a repris sa routine de travail, surchargée de nouveaux projets, traductions, lettres et textes de conférences. Il en tient une à l'occasion du Congrès des femmes pour l'entente internationale où il dresse un portrait de Bertha von Suttner. Puis, il se décide à publier une prise de position, sa *Profession de foi du défaitisme* où il défend l'idée que l'issue de la guerre ne réside pas dans la victoire ou la défaite, et que le véritable héroïsme est d'appeler la fin de cette absurdité meurtrière. Cette apologie place définitivement l'humanisme au-dessus de tout, notamment au-delà de sentiments patriotiques. Il revient à ce qu'il avait déjà défendu dans *Jérémie*, la douleur noble et la grandeur acquise par le renoncement d'où l'âme ressort fortifiée. Nietzsche n'est jamais loin dans la représentation de l'acceptation du destin tracé. Rolland, qui lui explique son désaccord, pense que le défaitisme en question est trop cousin de la passivité. Et que le « mal » interdit une attitude « bouddhiste » de résignation. C'est pourtant là l'aboutissement d'une pensée que Zweig a longtemps mûrie ; en 1917, il écrit dans un courrier à Rolland : « Au fond de mon être, je déteste la révolte, la force, j'admire la soumission au sort. Mais au sort, pas au fardeau d'une troupe de brigands et de meurtriers [19]. » Comme si quelque chose d'une immanence devait trancher, emporter tout, même l'individu qui ne compte plus et qui ne peut être transfiguré que par sa propre dissolution.

Depuis l'été, Friderike a enfin réussi à faire venir Alix qui rejoint ainsi sa sœur. La mère et les deux filles laissent Zweig tranquille pour qu'il finisse non seulement la série de ses textes obligés et ce qu'il a entrepris, *La Légende d'une vie*, mais aussi un livre sur Rolland. Septembre 1918, les événements politiques s'accélèrent et Zweig revient à Genève, puis à Villeneuve chez Rolland. Il est abasourdi par la soif de victoire que manifeste chaque camp. Cette fois les Allemands ont perdu du terrain et la trop grande exultation des Américains est douloureuse. Bien que Zweig se soit débarrassé de son nationalisme, il ne peut toutefois se résoudre à voir sa nation à terre. C'est à ce moment qu'il pense que sa judaïté pourrait précisément constituer le socle d'une nationalité dans le sens d'une ouverture et d'un internationalisme sans frontière. Comme il le formule à Rolland, il pense fonder une libre république des citoyens du monde quelque part sur une île inconnue et bien lointaine ! Une fois de plus, il affirme sa résolution de ne pas s'engager et de rester à l'écart, la seule action pour lui étant l'écriture :

> On est énervé par ces éternels événements dans le monde, les nouvelles se bousculent avec une virulence effrayante. Nous vivons nos heures les plus intenses : le destin de l'Europe est en train de changer de forme. Mais qu'est pour nous l'Europe sinon une illusion, un point noir sur une carte, qui s'est transformé en une souffrance intime [20]…

C'en est fini, l'empereur Charles a abdiqué, tout le monde d'hier a volé en éclats. La révolution spartakiste allemande de Liebknecht et de Luxemburg a été sauvagement réprimée, ce qui fait pencher Zweig du côté des opprimés. Rolland a prévenu, ce n'est pas la paix qui va apporter les solutions, tout reste à faire. Zweig à ce moment se sent plutôt raffermi à l'idée du travail devant lui. Il le disait déjà à son maître français, il souhaite non pas être un critique ou uniquement un homme de lettres, mais quelqu'un qui aurait une stature morale, afin de tracer les lignes d'un nouvel idéalisme.

En attendant, il se décide à rentrer en Autriche, ce petit pays qui n'est plus qu'une « lueur crépusculaire et comme une ombre grise, incertaine et sans vie de l'ancienne monarchie impériale [21] ». Clemenceau l'a dit sans fioritures, l'Autriche, c'est ce qui reste. Et rien n'est encore bien défini, les frontières ne sont pas exactement tracées, les habitants ne savent même plus à quel pays ils appartiennent, ils ne connaissent que la faim et le froid. Dans cet ancien empire si florissant, il n'y a plus rien que l'humiliation. Zweig sait quelle est sa place et pense que dans cette défaite, il a quelque chose à entreprendre. Il part donc avec Friderike et ses deux filles, tous équipés comme s'ils devaient affronter le pire des climats, avec aux pieds de bonnes chaussures aux épaisses semelles et des valises bourrées de denrées et de chocolat. À la frontière suisse de Buchs, une vision à la fois glaçante et bouleversante les surprend : dans un train spécial, le dernier empereur d'Autriche, Charles, et l'impératrice Zita, tous deux vêtus de noir, silhouettes fantomatiques d'une dynastie vieille de sept cents ans, passent sous leurs yeux : « L'empereur, ce mot avait réuni pour nous toute la puissance, toute la richesse, il avait été le symbole de la pérennité de l'Autriche et, dès l'enfance, on avait appris à prononcer ces syllabes avec vénération. Et maintenant, je voyais son successeur, le dernier empereur d'Autriche, quitter le pays en proscrit. La glorieuse lignée des Habsbourg qui, de siècle en siècle, s'étaient transmis le globe et la couronne, finissait à cette minute [22]. » Chacun sent la force historique de ce moment où une page est en train de tourner, avec des sentiments partagés entre le respect et la honte. Zweig sait que c'est désormais un autre monde qui l'attend de l'autre côté.

De fait, ce n'est pas une exagération. Le pays est exsangue. À Salzbourg où ils retrouvent leur maison sur le Kapuzinerberg, ils prennent la mesure des difficultés à venir. Des trous dans la toiture que l'on ne peut pas combler car il n'y a ni bois ni plomb, pas de chauffage, et pourtant du monde à accueillir, car il faut abriter les soldats démobilisés, les familles affamées. Zweig se calfeutre au lit où il travaille les doigts gelés à force d'écrire. Partout règnent la misère, le trafic, le chaos... que tous s'acharnent à détourner. L'écrivain décrit une représentation à l'opéra à laquelle il assiste : des musiciens faméliques dans une fosse glaciale, des visages amaigris et désespérés dans la salle comme sur scène, et pourtant une fois que le spectacle a commencé, un courant humain passe, d'une intensité prodigieuse...

Zweig a écrit une nouvelle pièce, *La Légende d'une vie,* où il évoque au travers de l'histoire de la veuve d'un maître (son modèle est Cosima Wagner) les problèmes de la création artistique. Ce qui, malgré une représentation le jour de Noël 1918 au Schauspielhaus de Hambourg, ne va pas rencontrer le plus grand des succès, tout simplement parce que l'après-guerre est empli de préoccupations nettement plus prosaïques. Il faut trouver des réponses concrètes aux problèmes immédiats.

L'Europe des écrivains tente de relever la tête, notamment par l'entremise de Barbusse qui a fondé en 1919 le groupe « Clarté » appelant à la réconciliation entre les peuples. C'est Zweig avec l'écrivain Schickelé qui sont à la tête du groupe allemand. Mais Barbusse va se laisser tenter par l'appel révolutionnaire russe, ce qui poussera Zweig à donner sa démission.

En avril 1919, Zweig a donné sa première conférence de retour à Vienne. Il lit la *Déclaration de l'indépendance de l'esprit* que Rolland a rédigée. Là aussi, un écrivain doit représenter son pays : Zweig représente l'Autriche, et Selma Lagerlöf la Suède, Bertrand Russell la Grande-Bretagne, Barbusse la France... Il s'agit de dépasser les concepts habituels de peuple et d'aller vers l'humanité dans son sens le plus large et le plus noble. Zweig montre là un intérêt indéfectible et une activité infatigable auprès de ses collègues et des différents organes de presse. À cela s'ajoute un fabuleux projet qu'il échafaude, celui d'une bibliothèque idéale contenant tous les chefs-d'œuvre de tous les pays dans leur langue originale, sa *Bibliotheca Mundi* qui entre aussi dans le programme d'une internationalisation : elle devra réunir des siècles et des cultures en un creuset fervent et profond. Seuls l'éducation et le savoir permettront aux hommes d'éviter les embourbements derniers de la politique. Il écrit à son éditeur Anton Kippenberg :

Je veux une échelle très élevée, très nouvelle, très européenne : je veux des livres universellement vivants. Dans toute la liste, il n'y a pas un livre qui ne soit non seulement célèbre, mais surtout important et vivant pour nous [23].

La première liste prévue contient 40 titres français, 25 en anglais, 17 en allemand, 12 en italien, 10 en latin, 8 en grec, 4 en espagnol. La crise économique aura raison de cette belle utopie en 1924, mais tout de même 14 titres auront vu le jour, dont 6 anthologies (russe, hongroise, française, italienne, suisse, hébraïque). C'est Duhamel qui s'occupe du recueil français qui paraît en 1923 et s'intitule *Anthologie de la poésie lyrique française de la fin du XVe à la fin du XIXe*.

Cette inscription dans la culture européenne caractérise absolument Zweig. Ce sont d'ailleurs ses origines, son père est morave, sa mère est née en Italie, lui-même parle et écrit plusieurs langues, dont le français et l'italien. L'Europe est la seule identité et le seul but auxquels il soit resté toujours fidèle. Son choix d'amitié avec Romain Rolland appartient à cette même veine, car il considère *Jean-Christophe* comme le premier roman consciemment européen. Zweig va égrener une liste impressionnante d'auteurs pour lesquels il a écrit, traduit ou commenté une édition : Verlaine, Rimbaud, Baudelaire, Renan, Sainte-Beuve, Rousseau, Proust, Joyce, Dickens, L. Hearn, Dante, Gorki... une énumération vertigineuse qui montre son éclectisme. Il a été fier de son rôle de médiateur, sans doute aussi important pour lui que sa propre sphère d'écriture.

Le choix de s'établir à Salzbourg appartient au même projet, car pour lui la petite ville se situe à un carrefour parfait, près de Munich, de Vienne, de Zurich et de Venise, et pas si loin de Paris

(Zweig compte en heures de train). Jouve, dans la description qu'il a faite après sa première visite en 1923 au Kapuzinerberg, met en avant cette même appartenance :

> Stefan Zweig est certes pour moi l'ombre la plus émouvante. C'était une personne activement intellectuelle, vivante, pleine de courtoisie ; c'était, au sens d'hier, un Européen. Je revois son visage émacié et pâle, ses deux yeux aigus derrière des verres. Les ouvrages qu'il écrivait, de culture ou même d'imagination, étaient traduits en de nombreuses langues. Il était également à l'aise en Allemagne ou à Paris, et connaissait parfaitement notre art dans tous les siècles...[24]

Le fait d'être né à Vienne et d'avoir conservé jusqu'à sa quarantième année un pied-à-terre dans la capitale n'est pas non plus un hasard. Si Zweig critique beaucoup le caractère viennois, il en note toutefois la position culturelle et historique de tout premier plan. La dynastie des Habsbourg a installé le cœur du Saint Empire romain dans ce lieu immense qui englobait de nombreux territoires et différentes langues. Les empereurs étaient cosmopolites par définition dans une cour où l'on parlait autant le français, l'espagnol et l'italien que l'allemand. C'est ainsi, d'après Zweig, que Vienne a pu devenir la ville de la musique, car elle a su réunir tous les talents importants qui désiraient venir là où ils trouveraient émulation et surtout passion. Il cite Gluck, Haydn, Mozart, Beethoven, Brahms, Bruckner, Hugo Wolf... qui se sont dirigés vers ce public si ardent, à la manière de fleurs qui se tournent vers le soleil. Et Zweig de citer les événements de l'opéra et du Burgtheater qui ont été les cibles de tant de fanatisme musical... Si la ville affiche de la nonchalance et du laisser-aller dans à peu près tous les domaines, il n'en est rien en musique, car chaque spectateur est un mélomane averti à qui il ne faut rien conter.

C'est à la Hofburg qu'est né selon lui le rêve d'une Europe unie, ce qui place Vienne au cœur de ses préoccupations. Il est vrai qu'au retour de Suisse, il a été désarçonné devant ce trop-plein de misère et cet excès de frivolité, ce caractère viennois qu'il aime et déteste à la fois. Jeune écrivain, il ne se sentait pas chez lui dans le monde des cafés et des littérateurs. Cette guerre sanguinaire ne l'a pas fait changer d'avis. Et cela d'autant plus qu'il a une œuvre à bâtir : Vienne sera sur son chemin mais sans plus.

À Richard Dehmel, il écrit en 1919 que toute pensée « nationale » ne peut être que dangereuse. Et que, dans quelques centaines d'années, personne ne pourra plus comprendre que l'histoire européenne ait pu être si douloureuse, que cela ressemblera au même effarement face aux déchirements religieux d'autrefois qui ont pourtant duré si longtemps en Allemagne et ailleurs. Aussi, la foi européenne de Zweig va-t-elle repérer différents auteurs sur lesquels il va s'appuyer pour clamer cette nécessité. L'un des premiers sera Nietzsche qu'il situe bien loin du pangermanisme auquel il a été malheureusement trop souvent associé. Puis Zweig trouve sa pleine résonance avec Érasme de Rotterdam. Malheureusement, faut-il ajouter, car il le publiera en 1934 dans le contexte que l'on sait, et ce livre sera tout à la fois la définition flamboyante de son échafaudage cosmopolite et l'aveu de sa propre impuissance. Dans sa première page, il définit en effet Érasme comme « de tous les écrivains et auteurs occidentaux, le premier Européen conscient, le premier "combattant pacifiste", le défenseur le plus éloquent de l'idéal humanitaire, social et spirituel[25] ». Zweig en fait même un concept et un terme « *das Eramische* », l'érasmisme ou l'érasmien. C'est un rêve merveilleux vers lequel il a décidé de se tourner. De l'autre côté du monde, dans le Brésil de l'exil, il va sous-titrer son autobiographie, *Le Monde d'hier*, « *souvenirs d'un Européen* », afin de réveiller aux mémoires ce continent qui disparaît peu à peu. Ce « grand Européen », comme l'a appelé Jules Romains, a bien avant l'heure ouvert les frontières d'une pensée commune et d'une société idéale.

L'écrivain à succès

> [...] il y avait déjà autour de toi comme un nimbe, comme une auréole de richesse, d'étrangeté et de mystère[1]...

Le retour dans une Autriche anéantie, même difficile, n'est pas remis en question. Zweig veut s'atteler à la tâche, lutter contre la crise morale et la débâcle de ces années noires. « Il ne restait qu'un parti à prendre : travailler à son œuvre dans le silence et la retraite[2]. » Pour une fois, tous ces éléments négatifs ne sont pas perturbants mais plutôt stimulants pour l'écrivain qui a décidé de contribuer à sa manière au redressement de son pays. L'inflation va s'étendre sur trois ans pendant lesquels l'insécurité et la confusion règnent sans partage, mais curieusement la vie quotidienne continue son cours sans trop de débordement. Les gens ont besoin de distractions, les théâtres et les bars ne désemplissent pas. Chacun a au moins la sensation de vivre de façon plus intense que d'ordinaire. C'est aussi le cas de Zweig qui, à trente-sept ans, veut élaborer une sorte de fresque de la connaissance. Ses *Trois Maîtres* sont devenus la première partie d'un vaste ensemble qu'il intitule plus que symboliquement *Les Bâtisseurs du monde*, consacré à ceux qui ont contribué à édifier une architecture de l'esprit. « J'ai tout un monde à construire, et ma pauvre vie suffira-t-elle à cette tâche immense ? J'ai de la patience et — encore ! — de l'ardeur[3] », écrit-il dans ce sens à Rolland en 1925.

En 1920 paraît sa biographie/hagiographie de Rolland, qui entre également dans cette série imaginée autour d'une « typologie de l'esprit », chère à Taine. Mais ce n'est pas tout ce qu'il va faire pour son « maître » français envers lequel il éprouve tant de gratitude, il va aussi lui servir à la fois d'agent et d'intermédiaire très actif pour sa diffusion en Allemagne ; ce qui signera le début du succès de Rolland dans d'autres pays, dont l'Angleterre, la Pologne, la Suède et l'URSS… Rolland reconnaissait que, même en France, il était loin d'avoir cette aura flatteuse. La presse conquise en Allemagne par la médiation de Zweig est très élogieuse, et le livre sur Rolland se vend incroyablement bien (18 000 exemplaires dans un marché pourtant encore fragile).

En 1923, Zweig élabore une nouvelle trilogie autour de grandes figures allemandes : Kleist, Hölderlin et Nietzsche qui va s'appeler *Le Combat avec le démon* et qui paraîtra deux ans plus tard, dédié au professeur Sigmund Freud : « à l'esprit perspicace, au créateur et à l'inspirateur, ce triple accord d'efforts créateurs ». L'unité entre les trois personnages est forte et déroule une thématique chère à Zweig sur le « démonisme », cette « inquiétude primordiale et inhérente à tout homme qui le fait sortir de lui-même et se jeter dans l'infini [4]... ». Hölderlin comme Nietzsche sont marqués par la folie et Kleist se suicide. On ne peut s'empêcher de penser à la propre fin de Zweig qui avait lui aussi trouvé dans sa deuxième femme une compagne pour le suivre dans la tombe, tout comme Kleist avait cherché à plusieurs reprises la partenaire suprême. Friderike a raconté que Zweig lui aurait parlé plusieurs fois de ce souhait... qu'elle avait de son côté repoussé. Mais Zweig n'en est pas encore là, il en est à ce moment à l'admiration d'une mort choisie qu'il trouve intellectuellement puissante.

> Nulle autre mort n'est aussi musicale, n'est à ce point ivresse et enthousiasme... Kleist toujours excessif élève la mort au niveau d'une passion, d'une ivresse, d'une orgie, d'une extase. Sa fin est un abandon, une béatitude qu'il n'a jamais connue durant sa vie, tout y est allégresse, griserie, exaltation ! C'est en chantant qu'il se jette dans l'abîme [5].

Pas d'inspiration sans démonisme, la terminologie est bien particulière, une « poussée faustienne », un « ferment », une démesure qui jaillit et pousse à aller plus loin, un élan, une fièvre... un mystère forcément. Zweig, en analysant les traits communs de ces trois auteurs, voit à quel point leurs vies respectives sont déchirées, violentes et disharmonieuses au contraire d'un Goethe, contre-exemple parfait qui parvient lentement et sûrement à creuser son sillon sans se mettre en danger. Zweig travaille sur des images comparatives, en brandissant l'icône goethéenne, magnifiée et presque irritante par son talent tranquille.

Une fois son livre paru, c'est encore un succès phénoménal qui l'accueille : en une saison, 10 000 exemplaires sont écoulés. Freud lui écrit une lettre d'admiration avec une analogie intéressante quant à son style ; il avait déjà évoqué à propos de son livre précédent cette façon que Zweig a de s'approcher au plus près des émotions dans ses descriptions, cette fois il choisit de comparer son approche à une méthode enseignée, dit-il, par un ami archéologue : comme une empreinte sur une pierre humide qui finit par rendre les moindres détails de la forme et de la surface. C'est dire qu'il pense combien Zweig parvient à rendre tout infini tressautement du cœur et de l'âme !

Mais Zweig a déjà en tête le sujet de son prochain ouvrage dans cette même thématique : trois écrivains qui, cette fois, se sont servis de leurs vies comme terrain d'observation : Stendhal, Rousseau et Tolstoï. Finalement il substituera Casanova à Rousseau.

En attendant, il a aussi repris le chemin de ses œuvres personnelles, un premier retour sur les nouvelles qu'il avait déjà écrites avec *L'Amour d'Erika Ewald* (1904) et *Première expérience* (1911). Là aussi, il fonctionne en cycle. Il sort, en 1922, *Amok, Nouvelles d'une passion* comprenant notamment *La Femme et le paysage*, *La Nuit fantastique*, *Lettre d'une inconnue*, *La Ruelle au clair de lune*, toutes traitant d'une même thématique, celle d'adultes en proie à des passions dévorantes.

Une fois de plus, les ventes sont immédiates et plus qu'impressionnantes : en huit ans, 70 000 exemplaires se sont arrachés, sans parler de l'incroyable retentissement auprès des lecteurs. Par rapport à ses essais biographiques sur des auteurs, ses personnages de fiction sont laissés dans l'anonymat le plus total. Jamais ces derniers ne sont nommés, seules quelques caractéristiques sont données ici et là, un médecin dans *Amok*, un aristocrate dans *La Nuit fantastique*, un écrivain dans la *Lettre d'une inconnue*. Toute une toile sociale est animée, les rapports des uns avec les autres dans leur complexité, ainsi la prostituée et les voyous au Prater dans *La Nuit fantastique*, l'inconnue qui écrit une lettre et qui se révèle être une ancienne petite voisine devenue une cocotte... Mais là où le récit prend véritablement de l'ampleur, c'est par le trouble des émotions et l'embrasement des sensations. Chaque personnage vit à sa manière, plus ou moins névrotique, une expérience telle qu'elle devient déterminante et, pour certains, autodestructrice. Ils se distinguent également par le besoin irrépressible de communiquer ce qu'il leur est arrivé, l'un se confie sur le bateau à un inconnu, l'autre a laissé une narration que l'on découvre, l'autre enfin écrit une lettre de confession. Il y a d'ailleurs toujours une distance voulue par l'auteur, qui choisit la forme du récit encadré, le récit dans le récit. Seule exception stylistique, la nouvelle *La Femme et le paysage*, où le narrateur se raconte à la première personne. C'est une histoire assez singulière dans l'ensemble de son œuvre, extrêmement physique, voire érotique avec le poids d'un désir brûlant et la douleur de son propre secret. Dans la vallée des Dolomites, en plein mois d'août, alors que la chaleur est de plus en plus étouffante, le narrateur rencontre à la faveur de l'obscurité une mystérieuse jeune fille qui va s'abandonner un instant à lui. Elle est plus qu'une femme désirée, elle est l'incarnation de la terre, tout comme lui devient celle du ciel. Leur fusion fugitive dans de longs baisers va s'interrompre lors de la venue du vent et de l'orage qui éclate. La nouvelle s'apparente fortement au *Conte crépusculaire* précédemment publié où Zweig déroulait une histoire entre un jeune homme et une jeune fille dont la folle étreinte ne survenait que pendant les heures sombres de la tombée du jour sans que lui parvienne à la distinguer, elle, véritablement.

Le succès entraîne aussi un abondant courrier. Donald Prater, le premier biographe de Stefan Zweig, raconte que ce dernier avait reçu des lettres d'admirateurs certains de la part autobiographique de ses histoires et donc avides de se confier à celui qui avait vécu de l'intérieur ce qu'il décrivait. Un malentendu évident pour l'écrivain, si peu porté lui-même à se dévoiler. Ces témoignages trop personnels de lecteurs ou de lectrices et ces demandes d'aide psychologique plus ou moins déguisées ont dû être très déstabilisantes pour un homme comme lui qui aura de plus en plus de mal à faire face à la réalité de sa « réussite ». Dans sa vie, il montre tant de mesure, pour ne pas dire de froideur, bien qu'il ait avoué un jour à Jules Romains qu'il était dans le fond un homme extrêmement passionné, dont les sentiments pouvaient être emportés et violents. Ce n'est en effet que par la seule force de sa volonté qu'il parvient à endiguer sa fougue. La même année, il publie un sonnet qu'il dédie à son ami Masereel et qui laisse transparaître cet aspect de sa personnalité :

Seule la passion qui trouve son abîme
Sait embraser ton être jusqu'au fond ;
Seul qui se perd entier est donné à lui-même.

Alors, prends feu ! Seulement si tu t'enflammes,
Tu connaîtras le monde au plus profond de toi[6] !

Sans doute a-t-il besoin du vecteur de l'écriture, de cet éloignement pour exprimer cette partie en lui qui ne peut et ne doit en aucun cas s'extérioriser dans la réalité. Toute son œuvre pourrait presque se résumer à la thématique de la passion, à ce déclenchement qui fait qu'à un moment ou un autre quelque chose parvient à jaillir et à emporter tout sur son passage. C'est exactement ce qu'il cherche dans la création et qu'il guette si fébrilement dans les manuscrits originaux des écrivains, cette étincelle déterminante qui fait tout basculer.

Mais pour exprimer tout ce qui lui importe, il lui faut créer à la fois un espace et une gestion de son temps. C'est déjà chose faite avec le lieu puisque le couple a choisi de s'installer au Kapuzinerberg au-dessus de Salzbourg. La maison est en piteux état au retour de Suisse, et Zweig charge Friderike de s'occuper des travaux pendant son absence, car il doit se rendre immédiatement à Vienne pour régler ses affaires courantes qui ne souffrent plus aucun retard. Il va aussi voir ses parents à qui il doit confier qu'il ne reviendra plus vivre à Vienne près de chez eux et qu'ils vont avoir pour belle-fille une femme divorcée avec deux enfants, « deux pilules amères » à leur faire passer, comme il le formule de manière un peu abrupte. Ses lettres à sa future femme sont alors de longues listes où il détaille tout ce dont ils sont « convenus », mais qu'elle va devoir régler sans lui. Et Friderike s'exécute, heureuse de contribuer à son confort et sa tranquillité. Parfois, dans son courrier, elle précise tout ce qu'elle doit faire, ce qui peut aller jusqu'à manier la scie et la hache. Quand la mère de Friderike va mourir, Zweig, afin de la « distraire » de son chagrin, va l'occuper en lui confiant l'installation du chauffage central dans la grande maison ! Lui travaille de toute façon comme un forçat, dévoué à ses écrits et à sa correspondance, puis dès 1919 aux conférences dont il effectue une première tournée en Allemagne. Son succès sera tel après 1922 qu'il va être retenu au moins une année à l'avance.

À la maison officient des domestiques et une secrétaire. Des chats qu'il n'aime pas vraiment au grand dam des deux fillettes et deux chiens, un épagneul et un berger allemand, qu'il leur préfère complètent le tableau du Kapuzinerberg. C'est ainsi que Jouve qui est venu en 1923 a décrit le lieu : « À Salzbourg, il occupait sur la montagne des Capuçins, un "casinetto" du style rococo, où l'on pouvait se croire chez Goethe : archi-orné, pièces douces et basses, couloirs dallés en marbre gris et noir aux grilles forgées couvertes de liserons, sans oublier les petites fenêtres d'un blanc éclatant. Sous les jardins, on apercevait toute la ville déroulée comme une tapisserie [7]. » Zweig lui, dans sa description, pointe le fait qu'en face de chez lui sur cette chaîne de montagnes, à Berchtesgaden, allait venir habiter un homme alors inconnu qui ferait parler un jour de lui, un certain Hitler... Zweig apprécie aussi que sa demeure soit relativement inaccessible, puisque les voitures ne peuvent y monter et qu'un chemin, présentant plus de cent marches à gravir, décourage les simples curieux. La maison en elle-même, on le sait, ressemble à un castel. Des papiers peints de Dufour déroulent leurs scènes gracieuses d'une autre époque et une boule peinte que l'empereur François aurait tenue en main pour jouer aux quilles dans le corridor en constituent une des gloires principales. Zweig a son domaine avec sa chambre et son bureau puis, sous ses appartements, une immense bibliothèque. Sur l'autre flanc est disposé le salon de Friderike, avec à l'étage sa chambre et celle de ses deux filles. Dans la bibliothèque, Zweig a rangé sa collection de manuscrits qui ne cesse de s'enrichir puisqu'il demande à tous les écrivains qu'il rencontre un exemplaire de leurs manuscrits originaux. Il les a serrés dans une malle qu'il a trouvée chez ses parents et qui a appartenu à son grand-père italien.

À la fin de la journée, Zweig sort et se rend en

1 Photos d'identité réalisées à Londres en 1940.

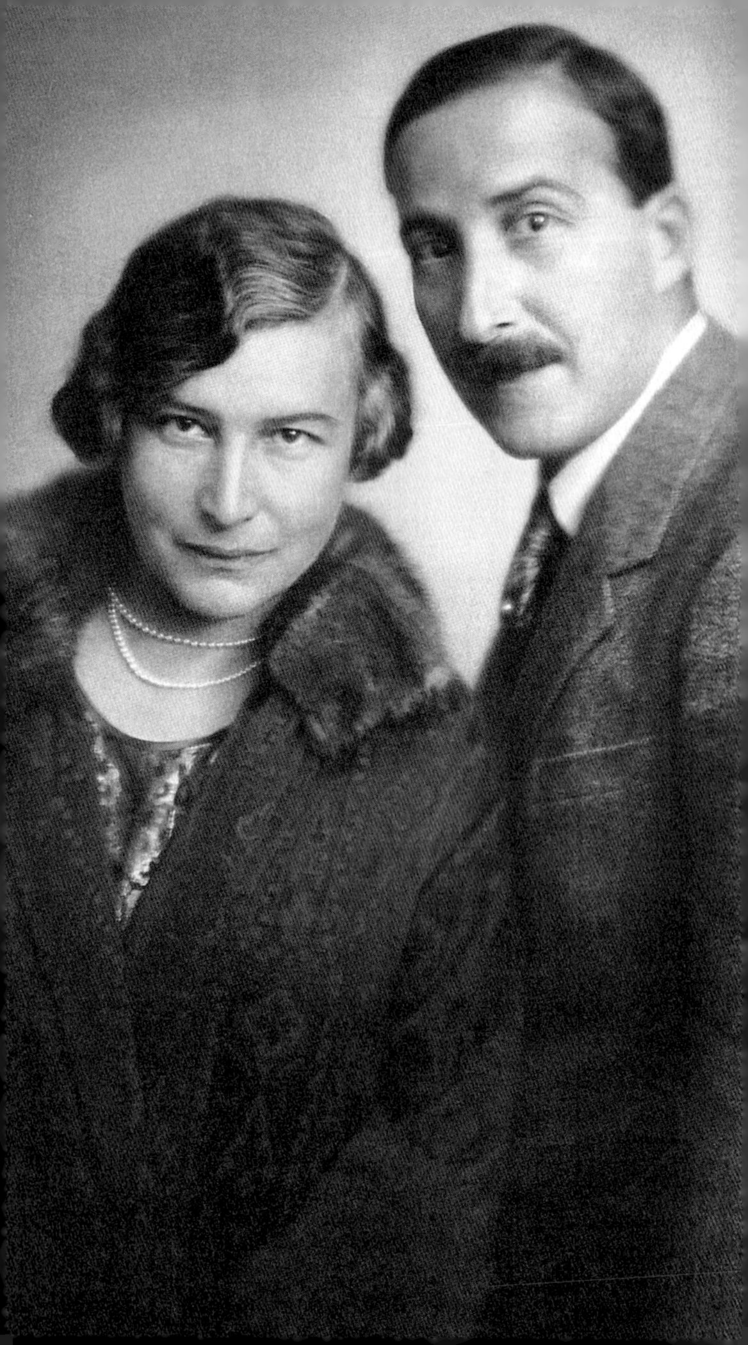

2 Friderike et Stefan Zweig en 1926.
Photo Setzer-Tschiedel, Vienne.

3 Avec Joseph Roth à Ostende, en 1936.

4 Freud en 1926.

5 Émile Verhaeren, années 1910.

6 Romain Rolland.

« *Tous nos actes*
Ne sont que les ombres des destins éternels,
Et contre leurs arrêts toute résistance est vaine. »

7 Carte de lecteur à la Bibliothèque nationale.

8 Dessin de Frans Masereel pour l'édition des œuvres de Zweig en dix volumes parue en URSS en 1927.

9 Affiche de *24 heures de la vie d'une femme*, film réalisé par Dominique Delouche en 1967.

10 Affiche d'*Amok*, film réalisé par Joël Farges en 1993.

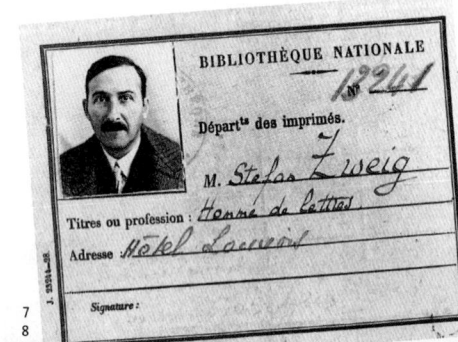

CHRISTINE GOUZE-RENAL
DANIELLE DARRIEUX
ROBERT HOFFMANN
DOMINIQUE DELOUCHE
24 heures de la vie d'une femme

9

FANNY ARDANT ANDRZEJ SEWERYN
BERNARD LE COQ
AMOK
un film de
JOEL FARGES
d'après la nouvelle de
STEFAN ZWEIG
publié aux éditions STOCK

10

THESE ARE SOME OF THE ARTISTS DRIVEN FROM GERMANY

ERNST TOLLER.—Bavarian proletarian playwright and author, whose play, "Masses and Men" has been produced all over the world. Wrote this play while imprisoned in a fortress for his part in the post-war revolutionary movement in Bavaria.

ERNST LUBITSCH. One of the world's most brilliant film-directors. His pictures, which include "Forbidden Paradise," "Lady Windermere's Fan," "The Love Parade," and "Design For Living," have given pleasure to millions. He has been deprived of German citizenship.

BRUNO WALTER.—The world-famous conductor, who with Arturo Toscanini helped to found the great Salzburg music festival. A former musical director of Munich and conductor of the New York Philharmonic Orchestra. He was forced to leave Germany as early as 1934.

STEFAN ZWEIG.—Noted biographer and historian, whose lives of Marie Antoinette, Mary Stuart and Magellan (based on a study of psycho-analysis) have been translated into many languages. To-day they are banned in Germany, and Zweig lives in exile in London.

MAX REINHARDT, to whom the modern German theatre owes everything. The father of the Salzburg festival. The greatest German Shakespeare producer. First producer of Richard Strauss. Honoured by Oxford University. Consummate dramatic teacher. Driven to U.S.

THESE ARE SOME OF GERMANY'S JEWISH NOBEL PRIZE WINNERS

KARL LANDSTEINER. Nobel Prize for medicine in 1930. His research in Vienna on blood groups and nerve tissues of spinal cord established that infantile paralysis is caused by a germ, and opened the way to treatment.

JAMES FRANCK.—Nobel Prize winner for physics in 1925 for work as head of Institute of Experimental Physics in University of Goettingen. At front 1914 to 1918, was awarded the Iron Cross of the first class.

RICHARD WILLSTATTER. — World - famous chemist, who won the Nobel Prize in 1915 for his work on chlorophyll and animal pigments. He was awarded the Pour La Merite, highest German decoration.

ALFRED H. FRIED lived in Vienna. He was the creator of the modern peace movement. Founder of the Peace Society, and of the influential paper, "Guardian of Peace." He was awarded the Nobel Peace Prize in 1911.

OTTO WARBURG.—Awarded Nobel Prize for medicine in 1931, for his research on enzymes. His studies of cell physiology were so important that a special institute was built for him in Berlin in 1931.

11

« Je ne me fais aucune illusion sur les rêves d'immortalité, je sais combien est relative la littérature dont je suis capable. »

« Au fond de mon être, je déteste la révolte, la force ; j'admire la soumission au sort. »

11 Extrait du magazine anglais *Picture Post* le 26 novembre 1938.

12 Stefan et Lotte Zweig

13 Sur le bateau qui l'amène au Brésil et en Argentine en août 1936.

14 À Salzburg en 1931.
Photo Trude Fleischmann.

ville. Il va lire les journaux dans un café. Ou, parfois, il joue aux échecs. Il aime aussi se promener, avec Friderike, le soir après le dîner, ou plus loin en excursion dans les montagnes, avec l'écrivain Hermann Bahr à la grande barbe blanche de patriarche. Ce dernier est marié à une cantatrice, Anna von Mildenburg, et a lui aussi quitté Vienne pour Salzbourg puis pour Munich. Plus âgé de dix-huit ans, Bahr connaît Zweig depuis leur période viennoise où ils se croisaient déjà dans les cafés. Figure emblématique du Jung Wien, Bahr se distingue par ses critiques assez virulentes qui lui vaudront en retour les foudres de Karl Kraus. Grand marcheur, celui que Zweig désigne parfois dans ses lettres sous le nom de « papa Bahr » entraîne son cadet dans des marches folles qui l'épuisent.

Zweig décrit à Rolland sa vie très organisée : chaque mois il part à Vienne pour une petite semaine voir ses parents. Et, en cet automne 1919, il leur a enfin annoncé qu'il allait se marier. La monarchie interdisait le remariage. Le couple pense alors organiser la cérémonie en Hongrie et, pour ce faire, Friderike obtient même la nationalité hongroise. En 1919 toutefois, de nouvelles dispositions légales de la jeune république autrichienne dénouent enfin le problème. En revanche, pour des raisons qu'elle résume à la « décence », Friderike ne veut pas être présente le fameux jour, le 29 janvier 1920. Elle se marie donc par procuration, remplacée par leur ami commun, Felix Braun, qui retrouve Zweig pour accomplir les formalités. Les témoins, la mère de Zweig sont également là et, après la cérémonie, tous félicitent la jeune mariée... par téléphone. De son côté, elle écrit à Stefan : « Cher, comment as-tu passé ta nuit de noces ?... Je ne ressens aucun changement. C'est parce que tu m'as déshabituée de mon sentimentalisme. S'il avait joué un rôle, je t'aurais envoyé une lettre digne d'être encadrée[8]. »

Pourquoi Friderike n'a-t-elle pas voulu venir ? Peut-être par peur d'affronter une situation dans laquelle elle aurait risqué de se laisser emporter par des émotions. Elle prend sur elle, garde la tête froide, ne se fâche quasiment jamais et fait en sorte que les choses fonctionnent. Dans cette nouvelle constellation familiale, le père de Zweig et la mère de Friderike vont se rencontrer et s'apprécier. De son côté, Friderike va bien s'entendre avec ses beaux-parents, et même aider à ce que les liens se resserrent quelque peu entre le fils et ses parents, tentant d'évacuer les tensions qui pouvaient encore exister entre eux.

Zweig qui, avec humour, se désigne sous le nom de « Stefan Pacha » est chez lui comme un seigneur que la moindre perturbation effarouche. Friderike s'échine à lui rendre ses deux filles transparentes, elles ne doivent jamais faire de bruit. À sa manière, Zweig est attaché à elles deux, il a même refusé l'argent que voulait leur envoyer leur père, montrant ainsi son propre engagement. Quand il est au loin, il pense à demander de leurs nouvelles. Il est soucieux de leur santé ; au retour de Suisse, il insiste pour qu'elles aient suffisamment à manger, mettant les questions d'éducation de côté jusqu'à ce que ces problèmes matériels soient réglés. Quant à elles, elles l'appellent « Papcha ».

Le rôle de Friderike est par définition polyvalent ; il consiste notamment à protéger Zweig de l'extérieur et à filtrer tout ce qui pourrait le déranger, mais aussi à le stimuler, à l'admirer, à le calmer quand ses idées noires surviennent. Elle gère quasiment tout, reçoit ses amis dans la maison quand il est absent ; malgré tout, elle continue à produire un peu pour elle, à traduire et à écrire — elle publie ainsi plusieurs romans. Elle l'encourage à tout lui raconter « sauf les histoires de femmes » dont elle veut désormais se protéger. Rarement, dans certaines lettres, elle laisse percer un certain découragement, comme dans celle envoyée à un ami commun, Victor Fleischer, en août 1921 : « Avec le "petit", comme tu dis, c'est souvent difficile, car il est parfois violent, même devant les gens, et je ne le supporte pas toujours avec l'égalité d'humeur qui conviendrait aux circonstances... Nous sommes très bien installés, c'est paradisiaque. Mais je préférerais n'importe quel recoin si je pouvais jouir de plus de sérénité dans mes propres foyers. » Dans le même courrier, Zweig se plaint quant à lui — très légèrement il est vrai — : « Fritzi est très jalouse, bien que mes incartades se comptent encore sur les doigts de la main et aient été prévues au programme depuis le départ[9]. » Mais Friderike a promis de veiller sur lui et de tout faire : elle ne se dédira jamais.

Quand Zweig écrit à sa femme, c'est pour l'informer de ce qui se passe, comme pour répondre à ce qu'elle lui demande ou pour l'appeler à l'aide quand il a oublié quelque chose. Il termine quasiment toujours par cette phrase rituelle : « de tout cœur, ton Stefan », mais ne met que très peu d'affection ou de tendresse pour celle qui signe « ta moumou ».

La maison du Kapuzinerberg pourra s'enorgueillir de recevoir des hôtes très illustres, dont évidemment Romain Rolland, mais aussi Schnitzler, Franz Werfel, Thomas Mann, Paul Valéry, Rabindranath Tagore, Schalom Asch, Joyce, Toscanini, Ravel, Alban Berg, Bartók, Bruno Walter... une liste prestigieuse d'invités qui indique l'importance de l'écrivain à la fois dans son pays mais aussi à l'étranger.

Zweig a donc recommencé à voyager, il est invité en 1922 pour la création du Cercle littéraire, le futur Pen Club français. En 1921, il a ainsi été en Italie, en Tchécoslovaquie, en Allemagne par deux fois, en Suisse... Il aime partir, ce qui rompt avec la monotonie de ce qu'il s'est lui-même imposé et qui finit par lui peser. Dès qu'il est ailleurs, il est à nouveau joyeux, il dit à sa femme que sa lecture préférée est celle des indicateurs de chemin de fer. Dans son autobiographie, il a intitulé cette période : « De nouveau par le monde », expliquant qu'il avait vécu de 1919 à 1921 retiré en Autriche et qu'il s'était risqué ensuite à revenir dans les ex-pays ennemis. En Italie, il raconte, alors que le portier de l'hôtel remarque sa nationalité, qu'on l'accueille avec joie. Plus tard, quand il reviendra, notamment à Venise avec Friderike, ils seront confrontés à de jeunes fascistes. Il a le plaisir de rendre visite à son ami, l'écrivain Giuseppe Borgese (qui épousera la fille de Thomas Mann en 1931), mais se refuse à toute rencontre avec Mussolini qui est pourtant un grand amateur de ses livres. Zweig ne prendra pas ouvertement position contre le fascisme. En Italie encore, il aura le bonheur de croiser Maxime Gorki et Benedetto Croce.

En ce qui concerne l'Allemagne, il ne peut faire autrement que de rester sur une certaine réserve. En 1922, Walther Rathenau est tué par des membres de l'extrême droite, l'inflation est effrayante et l'effondrement monétaire menace. La jeune République de Weimar, qui parvient tant bien que mal à redresser la situation, ne lui fait pas retrouver son optimisme. Il est déçu par l'évolution du pays qui a été pour lui le socle d'un idéal qui ne parviendra plus jamais à regagner son statut.

En France, il est invité pour le tricentenaire de la naissance de Molière, en 1921, mais comme aucun écrivain allemand n'est convié, il se décommande car il considère que l'on ne peut en aucun cas exclure une nation. Pourtant, en 1922, il retrouve les frissons de sa jeunesse dans la capitale française. Il s'installe dans un hôtel près de la Bibliothèque nationale et revoit ses amis, dont Bazalgette, Duhamel et Rolland bien sûr. En 1924, il y reste un peu plus longtemps et se sent d'humeur très sentimentale, il a retrouvé son hôtel rue Beaujolais (qui était en travaux lors de sa dernière visite) et tout lui sourit comme autrefois. Il écrit à Friderike qu'il a vu son content de monde pour au moins huit mois. Il aimera toujours Paris avec passion et reviendra y travailler avec Jules Romains en 1927 et 1928 pour une adaptation théâtrale.

Quant à la Belgique, le cœur n'y est plus depuis la triste histoire avec Verhaeren. Il affirme que le pays entier, sa culture sont désormais loin de ses préoccupations. En 1928, il y accepte pourtant une tournée de conférences qui le mènent ensuite en Hollande. Friderike l'accompagne et ils s'arrêtent à Ostende. En 1929, il écrit à Rolland que la nation est loin d'avoir réussi à s'extirper de la lourde chape de la guerre et que, pour longtemps encore, le retard s'est creusé.

Il ne cesse de s'occuper de l'œuvre de Rolland sur lequel il s'exprime dans de nombreux exposés. Ce dernier en le remerciant l'appelle son « cher ambassadeur ». Zweig organise les voyages pour lui, lui présente d'autres écrivains, lui réserve une loge à l'Opéra... Tous les deux se rendent un jour à Weimar où ils vont voir la sœur de Nietzsche encore en vie, reconnaissante de l'essai que l'écrivain autrichien a écrit sur son frère — ce qui le surprend. En 1926, pour les soixante ans de Rolland, Zweig a tout prévu, il fait éditer un recueil d'hommages auquel ont contribué les plus grands noms : Freud, Schnitzler, Gorki, Tagore, Einstein, Gandhi, Martin du Gard, Hermann Hesse, Richard Strauss... Pourtant au fil des années qui passent et malgré la reconnaissance que lui voue Rolland, ce dernier ne peut se départir d'un sentiment de perplexité envers Zweig. C'est que ce dernier ne s'intéresse qu'à la littérature, qui est pour lui, comme le formule Rolland, une vraie religion ; il a du mal à se passionner pour ce qui se passe en dehors de cette sphère, il abhorre même la politique. C'est dans ce sens qu'il confie à Rolland : « Mais je ne peux pas sortir de ma peau : c'est mon sort, peut-être mon don, de sentir très intensément et de très loin les moindres répercussions dans la vie sociale et morale [10]. »

C'est le problème de sa sensibilité en général qui le transforme en caisse de résonance et en véritable oscillographe de son écriture. Alors qu'il veut bannir les émotions affectives de sa vie courante, il ne parvient pas à les éliminer complètement puisqu'elles constituent le terreau de son travail. Il est de toute façon plus à l'aise dans la reformulation que dans la simple spontanéité. Berta Zuckerkandl, qui tenait un salon littéraire à Vienne et le connaissait depuis 1915, a raconté qu'être devant lui, « c'était comme se tenir devant une porte fermée qu'il aurait précautionneusement entourée d'un fil de fer barbelé afin que personne ne s'en approche. Une timidité maladive, ajoute-t-elle, qui confine à la neurasthénie [11] ». D'autres témoignages, recueillis durant sa période glorieuse, le montrent comme un homme affable, mondain et à l'aise en société jusqu'à un certain point où chacun sent qu'il en a brusquement assez et qu'il baisse le rideau. Il est sans doute moins embarrassé dans le face-à-face que dans de larges cercles. Louis-Charles Baudouin, l'écrivain et traducteur suisse, raconte dans son Journal une soirée donnée au Kapuzinerberg :

Stefan Zweig au milieu de cette société nombreuse et distinguée est à son affaire... Oui, cet intermédiaire, cet être de communication et de communion est à son affaire parmi ces groupes humains, ces petits systèmes planétaires parmi lesquels il circule comme une libre comète... Et puis, tout à coup, il n'est plus à son affaire. C'est comme une petite faille nerveuse ; l'homme infiniment sociable de tout à l'heure se révélerait presque ombrageux. Il recherche ceux dont il se sent le plus proche ; il nous avoue que ce monde le fatigue vite, l'ennuie, et qu'il n'aspire à rien autant qu'au tête-à-tête de l'amitié [12].

Les femmes ont décrit son charme et son affabilité, son regard de « félin » séducteur prêt à fondre sur ses proies ; ses admiratrices sont légion et il correspond avec son physique soigné, son allure distinguée à ce qu'elles se représentent de cet auteur à succès. Et pourtant, il préfère toujours la compagnie d'intimes masculins avec lesquels il se sent parfaitement en sécurité. Il se plaint d'ailleurs amèrement de sa propre sécheresse d'attitude qu'il atténue par une confession de ses sentiments dans ses lettres. L'avalanche soudaine de remarques affectueuses est destinée à effacer l'impression de froideur dans laquelle il se sent coincé. En revanche, cela n'atteint jamais les sphères de sa vie amoureuse et maritale. N'écrit-il pas à Friderike « en matière de tendresse, j'ai toujours des mauvaises notes avec toi [13] ! ».

La fin de la guerre et le retour en Autriche, entrecoupé de nombreux déplacements, marquent pour Zweig une période extrêmement productive, et ce, sur une durée de quinze ans, jusqu'en 1933, date fatidique qui va changer, pour lui et pour tant d'autres, le cours des choses. Il reçoit sans cesse de nouvelles sollicitations et se retrouve engagé dans une course presque inexorable d'obligations allant de nombreuses lectures et conférences aux visites et invitations, alors qu'il aurait besoin de temps, de rêverie et, fondamentalement, de liberté. Il s'étonne lui-même de cet invraisemblable succès, en se chuchotant qu'il n'est peut-être pas tout à fait digne de ce qui arrive. En effet, même si l'argent qu'il gagne ainsi lui sert surtout à acquérir des grandes œuvres qui ont traversé les siècles, il ressent d'autant plus fortement le caractère éphémère de ce qu'il écrit. Le caractère trop « professionnel » de ce qui est devenu son entreprise est en opposition avec sa nature profonde. Il en vient à détester se montrer, jouer à être « Stefan Zweig », un autre dont il n'est pas sûr d'être si proche. Dans ses mémoires, il affirme que s'il pouvait recommencer, il choisirait de publier ses œuvres sous un pseudonyme afin de se garantir un peu d'espace privé.

Et pourtant, l'écrivain Zweig fait tout pour plaire à son public. Il s'explique à plusieurs reprises sur sa méthode de travail. D'un premier jet d'élaboration, il en vient ensuite à condenser, élaguer et éliminer toutes les longueurs, dans ce qu'il nomme un « art du renoncement ». Ce n'est pas tout à fait l'impression que donne son style très travaillé dont les fioritures sont assez recherchées. Ce qui est vrai, c'est que la lecture est facile, immédiate, et que le lecteur entre aisément dans l'univers qu'il dépeint. Le rythme très étudié également favorise le rendu de l'instant vécu par les protagonistes. Peut-être dans toutes ses recettes existe-t-il quelque chose comme un partage d'élan entre le lecteur et le narrateur. Grâce aux hyperboles et aux envolées extatiques, grâce aussi à l'intensité et à la ponctuation très maîtrisée, l'écriture se maintient près du spasme et occasionne une dynamique érotique qui entraîne le lecteur dans son sillage paroxystique.

En évoquant le travail de Romain Rolland, il explique comment le théâtre qui, selon lui, a pour fonction de plaire au plus grand nombre, doit être envisagé. Il s'agit de créer « des drames accessibles à tous, sans tomber cependant dans la banalité, qui éveillent le génie de la foi sans le défigurer, qui fassent appel non pas à la sensualité et au plaisir factice des masses, mais à leurs solides instincts d'idéal[14] ». Cela reste une constante chez lui, cette obsession de clarté et cette volonté de happer l'attention en gravissant pas à pas les échelons de la tension. En 1921, il rédige *Le Théâtre futur de l'esprit*, un article pour exposer davantage sa conception théâtrale. Il indique notamment que le théâtre ne doit pas être le reflet de la vie quotidienne, mais plutôt une « fête », une vision élevée et pourtant volontairement simplifiée pour le plus grand nombre qui, d'après lui, a toujours raison. Sa pièce *Jérémie* ne cessera pas d'être lue, les ventes vont atteindre, au début de 1931, les 28 000 exemplaires.

Sa connaissance du théâtre élisabéthain le met sur la piste du *Volpone* de Ben Jonson, écrit en

1605, et le décide à en faire une adaptation. C'est lors d'un séjour à Marseille qu'il va la réaliser en dix jours. Il en a retenu une comédie satirique autour de l'argent, mais en a gommé les aspects de trop grande farce. Comme d'habitude, l'enchaînement matériel est presque trop parfait pour être crédible. Il trouve à son retour une lettre du directeur du Hoftheater de Dresde qui lui demande s'il n'a pas des projets en train. Zweig lui envoie le *Volpone* en indiquant qu'il ne s'agit que d'une ébauche… On connaît la suite : un accueil triomphal sur toutes les grandes scènes d'Europe — on en a recensé six cents au total — et évidemment au Burgtheater où la direction est un peu surprise de ce tournant plus léger pris par l'auteur. Arthur Schnitzler lui envoie ses félicitations dans une lettre : « Vous avez porté la pièce de Ben Jonson à un niveau plus élevé, dans tous les sens du terme, que ne l'avait fait l'auteur à l'origine — vous ne l'avez pas seulement fait vivre pour la scène mais aussi, à mon goût, comme poème [15]. » En France, à la demande expresse de Zweig, c'est Jules Romains qui traduit son texte en français. En 1929, il dira presque amusé à Rolland qu'insensiblement la pièce est devenue celle de Romains qui se l'est complètement appropriée et qu'il est rendu lui-même à un minuscule « en collaboration ».

En 1930, Zweig termine une autre pièce, *L'Agneau du pauvre*, qui raconte la triste histoire du lieutenant Fourès dont la femme, Bellilote, est convoitée par Bonaparte. Afin de séduire la belle, ce dernier se débarrasse de son fidèle lieutenant pour mener à bien son dessein. D'une tragi-comédie, Zweig fait une pièce assez dure où chaque personnage devient une allégorie : le pouvoir cynique pour l'un, l'extrémisme désespéré pour l'autre et enfin l'innocence bafouée pour la dernière. Là encore, s'il pense que son travail risque de surprendre et de ne pas plaire, ce sera évidemment loin d'être le cas puisque toutes les scènes théâtrales se disputent de nouveau sa pièce. Au Burgtheater (encore !), le public s'est toutefois senti malmené par une violence de propos très inattendue dans l'univers de Zweig. Mais de fait, l'ensemble de sa création théâtrale se caractérise par une certaine amertume que vient renforcer une inquiétude sur la destinée humaine : les personnages sont jetés dans des situations fortes, souvent inextricables, dans lesquelles ils se débattent à grand-peine.

Ces dernières pièces permettent de voir comment se passe le cheminement de l'inspiration. En effet, c'est en travaillant sur un sujet qu'il débouche sur un autre, comme le maillon d'une longue chaîne qu'il lui suffit juste de tirer vers lui. Alors qu'il cherche une documentation précise pour étoffer le rôle d'un personnage, celui du professeur de littérature anglaise dans *La Confusion des sentiments*, il se plonge dans le théâtre élisabéthain où il trouve le *Volpone*. Ensuite, alors qu'il étudie des éléments sur Fouché dont il veut écrire une biographie, il tombe sur l'anecdote du lieutenant cocufié par Bonaparte — Fourès s'était opposé à Fouché... Le tout suit une ordonnance très logique et un sujet en appelant un autre doit aussi lui donner la curieuse impression qu'il n'a jamais fini. Cela s'associe à l'idée d'une immense architecture ainsi qu'il l'a déjà notifié avec ses *Bâtisseurs*. Pierre par pierre, l'édifice se monte avec parfois pour mortier des rééditions, des regroupements de textes déjà publiés séparément, ce qui rend bien difficile toute liste exhaustive. Mais Zweig est lui-même le grand ordonnateur de tout cela, il sait pertinemment ce qu'il fait et compte une liste illimitée d'essais, de préfaces, de postfaces, d'articles, de traductions… dans des domaines assez variés, d'où ressort sa prédilection pour la langue française qui s'étend évidemment au domaine de la littérature belge. Il tient par ailleurs un registre où il note scrupuleusement les traductions de ses livres avec ses droits d'auteur, là aussi une tâche ardue au vu du nombre très élevé de tous ses ouvrages selon les différents pays.

En 1927, il publie à la fois *La Confusion des sentiments* qui comprend, en dehors de cette nouvelle-titre, *Vingt-quatre heures de la vie d'une femme* et *Destruction d'un cœur*. En trois mois, 30 000 exemplaires s'arrachent et sur cinq ans, le chiffre s'élève à 90 000… À propos de *Destruction d'un cœur* Freud tout comme Schnitzler pensent que c'est le texte le plus faible, le premier jugeant que Zweig s'est moins impliqué et le deuxième indiquant qu'il n'a pas exploité toute la matière. Quant aux *Vingt-quatre heures de la vie d'une femme*, Freud pointe comme motif « celui de la mère qui initie son fils aux rapports sexuels en s'offrant pour le sauver des dangers de l'onanisme [16] », mettant en avant pour preuve l'importance accordée par Zweig aux mains et à leur activité sur la table de jeux. L'histoire raconte comment une femme d'âge mûr tente d'écarter du jeu un jeune homme qui flambe tous les soirs au casino. Romain Rolland applaudit également au grand accomplissement de ces nouvelles qu'il désigne comme chef-d'œuvre, surtout selon lui les *Vingt-quatre heures*. Seule cette dernière a recours au récit-cadre qui permet si bien l'émergence de la parole devenue ainsi catharsis. La passion est encore au centre de cette histoire, celle d'un joueur de roulette qui peut rappeler celui de Dostoïevski. *La Confusion* a elle aussi pour sujet la flamme brûlante d'un professeur âgé pour un jeune homme qui ne s'en rend pas tout de suite compte. C'est ce dernier devenu lui-même un vieux professeur qui déroulera de sa mémoire ce long fil fait de douleur et d'incrédulité. Enfin, *Destruction* renoue avec la thématique juive déjà esquissée dans de précédents récits (*Dans la neige*), et plus précisément avec la culpabilité liée au succès et à l'argent. Un vieil homme est dépassé par les exigences de sa femme et de sa fille qui, enrichies par son travail, se comportent comme de banales gourgandines et lui font honte. Zweig décrit avec une précision haletante la manière dont le vieil homme au cœur brisé se laisse finalement mourir. Il préférera donner sa fortune à des œuvres de bienfaisance plutôt que de laisser libre champ aux deux ingrates.

Pourtant dès 1925, malgré ses déplacements agréables et le succès permanent de ses publications, Zweig écrit à Friderike qu'il n'en peut plus et qu'il sent une crise de « lucidité » l'envahir :

> Je n'espère plus rien — que je vende dix mille ou cent cinquante mille exemplaires, qu'est-ce que cela peut faire ? L'important serait de repartir de zéro, de découvrir une nouvelle manière de vivre, une autre ambition, un autre rapport avec l'existence — émigrer, et pas seulement extérieurement [17].

Ses humeurs contrariées, sa bile noire, l'ennui, la dépression latente le font errer mentalement dans tous les sens. Il cherche des raisons à ses difficultés, comme l'arrêt de tabac — il est un fumeur passionné de pipes, de cigarettes et surtout de cigares Brissago —, le surmenage ou la lassitude. Grâce à l'impulsion de Hofmannsthal et de Max Reinhardt, Salzbourg s'est transformée en ville de festival, afin de contribuer aussi au redressement du pays. Mais indirectement, l'afflux des amateurs et des touristes entraîne un affairement saisonnier pénible auquel Zweig cherche plutôt à échapper.

Friderike relève chez lui une impatience toujours croissante. Il est un homme pressé, uniquement concentré sur son travail, c'est-à-dire intéressé seulement quand cela peut avoir un rapport avec ce qu'il écrit ou pourrait écrire. Toute interférence extérieure, tout grain de sable dans sa mécanique si bien huilée peut être cause de terrible inquiétude. Sa femme raconte qu'il n'a même pas la patience de rester jusqu'à la fin des concerts, qu'il aime pourtant. Il finit toujours par quitter la salle, que ce soit, explique-t-elle, parce qu'il a envie de fumer ou peut-être parce qu'il craint de tomber sur des connaissances qui le dérangeraient dans le flot de ses pensées.

Il souffre aussi du temps qui passe, il tance sa femme quand il reçoit ses vœux d'anniversaire deux jours à l'avance, il se sent vieillir trop vite. Même la littérature commence à l'insupporter, il est de toute façon enfermé dans une machine qui s'est emballée et qu'il ne peut plus freiner.

Malgré ses troubles intérieurs, Zweig continue de s'affairer, surtout pour ceux qu'il estime. Plus que jamais, il joue un rôle important de catalyseur, et ce, au travers de toute l'Europe. Il fait connaître des auteurs étrangers en langue allemande, pousse de jeunes écrivains, trouve des éditeurs pour ses amis et parfois même des travaux alimentaires quand ils en ont besoin. Il est non seulement attentionné, mais très efficace. L'édition allemande a grandement été influencée par lui. Il conseille, dirige inlassablement. Il serait presque à la tête de ce qu'il a appelé lui-même dans un récit éponyme une « collection invisible ». Dans cette histoire parue tout d'abord en 1927 dans un almanach, puis en 1929 en livre, il met en scène, grâce au contexte historique de l'inflation, un épisode presque invraisemblable. Un vieil homme devenu aveugle et propriétaire de merveilles (eaux-fortes, gravures…) n'a plus, pour seule occupation, que la joie quotidienne de feuilleter ses classeurs dans lesquels sont soigneusement rangés ses trésors. Il ne sait pas que, pour survivre, sa femme et sa fille ont dû, une à une, vendre chaque pièce. Lui continue de les caresser de ses doigts et de sa pensée de collectionneur passionné, sans se douter qu'il effleure des planches vides. Zweig, lui-même collectionneur acharné, a dans son travail essaimé mille et une œuvres, dispersées au hasard de publications et de rencontres. À la différence de son personnage, il contrôle tout ce qui se passe. Rien ne semble lui échapper. Il entend parler d'une édition aux États-Unis d'un certain Stephen Branch (*Zweig* signifie « branche ») et se rend compte qu'il s'agit d'une diffusion pirate.

En 1925, il écrit à un ami : « Mon cher, cela fait vingt-cinq ans, un quart de siècle, que j'ai publié mes premiers vers, et au fond de mon âme, je trouverais plaisir à laisser l'activité d'écriture de côté et à voyager. Mais, le succès, le "devoir" devient une chaîne, une chaîne dorée, si tu veux [18]... » Il s'interroge sur cette avalanche de travail, de succès, souffle qu'il aimerait changer de vie, vivre ailleurs, tomber amoureux, s'atteler à tout autre chose... Il est plus que jamais au bord de lui-même, dans un gouffre d'interrogations et de doutes.

Les relations aux autres

La vie est tellement dégoûtante que l'on préfère vivre dans la vision de ses amis [1].

Ce serait peut-être ça, la grande affaire de sa vie. Ses engouements, ses admirations, ses emportements et... finalement, malgré son vibrant enthousiasme, toutes les déceptions qui ont suivi. Car si Zweig a été un grand ami, actif, prévenant, présent, généreux, il n'a pas toujours été payé en retour. Il a été un fils assez absent et un mari plutôt étranger à la notion même de mariage. Un séducteur rarement transi, plutôt amusé par l'effet qu'il pouvait provoquer et gardant toujours les pieds sur terre ou plutôt sa raison au-delà de toute fougue.

Sa correspondance est le reflet de sa fidélité à ses amis. Une fois engagé, il est extraordinairement attaché. Il n'y a qu'avec Verhaeren que surviendra une cassure définitive en raison de la soudaine virulence antigermanique de ce dernier. C'est pour Zweig une « catastrophe personnelle », il est dévasté et mettra longtemps à s'en remettre. Après la mort de Verhaeren, il enverra pourtant une lettre très affectueuse à sa veuve. Au début de leur relation, Verhaeren s'étonnait de la dévotion du jeune homme : « Vous êtes celui de tous mes amis qui m'êtes le plus dévoué et le plus fervent. Je sens en chacune de vos lettres que vraiment vous m'aimez et que désormais rien ne pourra nous éloigner l'un de l'autre. Vous êtes bon et enthousiaste[2]. » Verhaeren reconnaît que son succès en Allemagne lui est dû, que Zweig est l'un de ses amis les plus proches, qu'il le comprend aussi bien que lui-même, et il le remercie souvent pour tout ce qu'il fait. Zweig lui répond en lui disant : « J'aime votre œuvre, j'aime vous [*sic*] et c'était pour moi un plaisir de bien faire mon devoir... j'aime votre œuvre, non parce qu'elle a créé une littérature belge, mais parce qu'elle est européenne[3]. » Ce ton légèrement décalé vient du fait que Zweig écrit directement en français (il le fait également dans sa correspondance avec Romain Rolland). Peu de temps avant sa mort, Zweig confiait à Paul Zech qu'il était sûr que le poète belge avait fini par se débarrasser de cette haine si étrangère à son caractère. Ce qui, d'après Rolland, n'était pas si certain... Quoi qu'il en soit, Zweig finit par trouver des excuses à cet ami qu'il a aimé et célébré.

Grâce à Verhaeren donc, il est entré en contact avec un certain nombre de personnalités. Ainsi a-t-il commencé une longue correspondance avec la féministe suédoise Ellen Key qu'il verra assez peu, mais qui sera une rare figure féminine amicale — peut-être parce que plus âgée que lui — et à laquelle il pourra se confier sans fard sur ses aspirations.

Puis de nouveaux liens vont se créer avec des gens qui resteront très proches malgré les événements de la Première Guerre mondiale. En 1914, noyé dans des sentiments patriotiques, Zweig publie ses adieux déchirés aux amis étrangers qu'il a eu la tristesse de perdre ; mais très rapidement, il voit ce que cette position a d'absurde. Ce en quoi il est déjà plus avancé que bon nombre d'autres écrivains qui ont pris uniquement fait et cause pour leur pays. Avec Rolland, il maintient, malgré la censure, une correspondance étroite. Quand il arrive en Suisse, il doit signer une déclaration qui l'engage à ne côtoyer aucun pacifiste ni représentant de pays ennemi. Or, il n'hésite pas à rencontrer Rolland avec lequel, plus que jamais, s'instaure une relation très proche. En 1916, il écrit une lettre ouverte à ses « Frères français » qui est publiée dans une revue pacifiste au titre prometteur : *Demain*.

Dès 1919, il dit à Romain Rolland qu'il a beau partager la même langue que les littérateurs viennois, ils ne se comprennent pas pour autant. En 1921, il déclare à Georges Duhamel : « Nous sommes d'une génération et nos maîtres ont été les mêmes, les aspirations les mêmes et au-delà de la différence de nos langues, je me sens plus proche de vous que de beaucoup de mes confrères[4]. » À Jean-Richard Bloch, il confie que la guerre lui a enlevé des amis, non seulement par la mort, mais aussi à cause de profondes divergences de vues. Si la liste de ses relations et de ses correspondants est évidemment impressionnante, celle de ses amis les plus proches est plus mesurée, mais assez peu changeante au fil des années : Leonhardt Adelt, Felix Braun, Victor Fleischer, Frans Masereel... Ils ont tous sensiblement le même âge et partagent des préoccupations communes, excepté Masereel qui est un peu plus jeune. Victor Fleischer est écrivain et éditeur, et publiera par la suite la biographie de Zweig écrite par Erwin Rieger. Il a été aussi le témoin de Zweig à son mariage. Leonhardt Adelt est écrivain et chroniqueur, Masereel graveur, peintre et dessinateur, originaire des Flandres qui vit à Genève depuis 1915 et s'installe à Paris en 1921.

À Fleischer comme à Masereel, Zweig livre ses états d'âme. Il indique même au premier avec lequel il soulève fréquemment un pan du miroir que la conversation entre eux deux est « une sorte de monologue intime[5] ». Au deuxième, il ose dire que le succès le dégoûte, l'écœure, que c'est loin d'être ce qu'il veut et qu'il doit se débattre contre autre chose de plus difficile encore. Il pense que cela sera bien entendu, car : « Tu es l'un des rares qui me comprennent[6]. » Plus tôt, il lui a déjà signifié qu'il rêverait de partir avec lui car ils pourraient, comme ils l'ont déjà fait, s'amuser comme des gamins. Masereel lui renvoie un peu de son innocence, lui permet d'être plus léger, inconséquent, tout ce que Zweig ne s'autorise jamais. Il ne se sent jamais jugé ni épié par lui, il ne voit chez cet homme que son talent et sa grande bonté.

Zweig s'entend bien aussi avec l'écrivain Franz

Werfel qu'il connaît depuis son service aux Archives militaires pendant la guerre et qu'il retrouve ensuite en Suisse. L'une de ses lettres montre un versant assez typique de sa relation aux autres : il commence tout de suite dès la deuxième phrase à éluder (« mais ne parlons pas de moi ») et à diriger le contenu général vers une louange du travail de ce dernier. La plupart de ses lettres sont extrêmement positives sur les réalisations des uns et des autres, souvent proches de la flagornerie. Plus tard également, à Salzbourg, il mène une relation plaisante avec l'écrivain Hermann Bahr, son aîné, avec lequel il partage une passion commune : la randonnée en montagne. Friderike raconte que Zweig était très attentif à sa ligne et qu'il ne pouvait donc laisser un homme beaucoup plus vieux lui « damer le pion » en affichant une forme meilleure que la sienne.

Avec ses amis de jeunesse, il ne dédaigne jamais jouer les protecteurs et prodiguer des conseils, notamment sur la façon la plus évidente de gagner de l'argent. Ainsi précise-t-il à Felix Braun que s'il veut raisonner en termes de succès, il faut trouver un thème qui puisse plaire à la plus grande majorité et ne pas uniquement penser en termes de goût personnel. Le bon sens et sa solide emprise sur les problèmes matériels en font un excellent mentor.

Avec l'écrivain Joseph Roth, il va pousser ce trait de caractère encore plus loin, car ému par le talent de ce dernier, mais inquiet devant la façon qu'il a de boire et de se détruire, il entreprend un sauvetage dans les règles. Ils se connaissent depuis 1927.

Zweig tente de freiner la consommation d'alcool de ce dernier qui atteint des sommets et lui apporte en outre une aide financière concrète. Ils se font d'ailleurs du bien l'un et l'autre, car à Cap-d'Antibes où ils vont se trouver tous les deux pour deux mois en 1931, Zweig arrive lui aussi avec son compagnon, qu'il appelle son « cauchemar bien-aimé », à oublier ses turpitudes personnelles. Il écrit après sa mort en 1939, un hommage vibrant à cet homme qu'il a senti comme un être exceptionnel :

> Ami de tout ami, camarade de tout camarade, bien intentionné à l'égard du plus étranger, il fut réellement prodigue de son cœur, de son temps et pour reprendre un mot de notre ami Ernst Weiss, toujours un « pauvre prodigue »... Dans tout ce qu'il faisait, disait ou écrivait, on devinait une générosité irrésistible et inoubliable, une manière grandiose, toute russe, d'être prodigue de soi [7].

Roth souffrait terriblement de l'internement dans une maison de santé, près de Vienne, de sa femme Friedl et se sentait responsable et sans doute aussi coupable de la situation. Au fur et à mesure de l'écrasante emprise nazie et de l'irrésolution de Zweig, Roth l'enjoindra de clarifier son attitude : lutter ouvertement contre le régime qui brûle ses livres ou choisir de se taire.

L'aide financière que Zweig apporte à ses amis est bien réelle : en 1930 il évoque, dans sa correspondance, un montant important donné au cours de l'année à des relations plus démunies que lui. Friderike s'agace d'ailleurs parfois des promesses qu'il fait aux uns et aux autres, qu'elle impute non seulement à sa générosité, mais aussi à une forme de mauvaise conscience qui ne cesse de l'habiter.

Si Zweig entretient avec Arthur Schnitzler une correspondance depuis 1907 et s'ils se voient de temps à autre — ils se rendent visite à l'occasion —, leur relation n'évolue que très lentement. Schnitzler ne semble pas complètement convaincu par les publications de son cadet avec lequel il apprend à composer puisqu'il fera finalement appel à ses conseils avisés, concernant ses droits d'auteur et ses traductions. Le Journal de Zweig comporte de nombreuses réflexions admiratives sur son aîné viennois, et pourtant dans une lettre, il lui avoue qu'à quarante-cinq ans, il se sent encore comme un petit garçon démuni face à lui. En 1922, pour le soixantième anniversaire de Schnitzler, il organise la publication d'un recueil de mélanges, tout comme il le fera pour Ramuz, Freud et Bahr... En 1931, à la mort de Schnitzler, il note avec cette délicatesse dont il ne se départ jamais et qui ne lui fait pas nécessairement voir la réalité comme elle est : « Je sais que depuis le début il avait une affection certaine pour moi — il était déjà trop âgé pour une amitié active... » Ces quelques mots sont précédés d'une description du caractère réservé de Schnitzler dans laquelle il se met lui-même en miroir : « [...] de la vénération pour un homme qui savait si admirablement garder la mesure — bien plus que moi, mais peut-être parce qu'il ne livrait pas beaucoup de lui-même, qu'il n'osait pas beaucoup se montrer et qu'il se concentrait davantage sur lui-même et en lui-même [8] ». Il peut d'autant mieux le comprendre que cela le définit très bien lui-même vis-à-vis des autres. Il publie ensuite un article de louanges dans la *Neue Freie Presse* où il décrit Schnitzler comme un « Juste ». À son enterrement, il se dit furieux du silence à la fois du gouvernement et de l'université, tous « ces gens » indifférents à la disparition d'un grand auteur du pays, une brutalité et un mépris qui le renvoient à la nécessité de se réfugier dans le travail.

Avec Freud, la relation est sensiblement la même : dévotion du côté de Zweig et courtoisie bienveillante, teintée d'impatience devant l'ardeur de son jeune vis-à-vis, chez Freud. C'est Zweig qui présente le psychanalyste comme son troisième maître, ce qu'il faut sans doute nuancer dans le sens où il n'a jamais atteint avec lui l'intensité de ses rapports avec Verhaeren ou Romain Rolland. Zweig éprouve cependant la nécessité d'écrire sur Freud dans la série de ses grands essais. Freud est loin d'être enthousiasmé devant cette idée et lui écrit que s'il ne peut l'en empêcher, il peut au moins lui faciliter la tâche... Ce qui dérange en outre Freud, c'est, dans cette trilogie prévue, la compagnie obligée de deux autres personnalités, Mesmer et Mary Baker-Eddy, avec lesquelles il n'a rien à voir. Mesmer prétendait guérir grâce au magnétisme animal et ainsi ouvrir une voie à l'hypnose. Mary Baker-Eddy, fondatrice de l'église scientiste de Boston, voulait démontrer la puissance de l'extase spirituelle. Sur cette dernière, Zweig rétorque vouloir faire un « interlude », par conséquent quelque chose de plus léger ; finalement il opte pour un essai sérieux, suggérant plusieurs chemins d'explication pour ce phénomène. Mary Baker-Eddy propose si ce n'est une « foi » véritable, du moins une énergie prophétique sur la puissance de la suggestion.

Sous le titre *La Guérison par l'esprit*, cette quatrième trilogie sera donc publiée en 1931. Zweig a eu maille à partir avec l'écriture de son *Freud* et frise toujours l'hagiographie. Ainsi, il peut écrire : « Certaines formules de Freud ont la sensualité translucide des gemmes taillées et se dressent dans la clarté glacée de sa prose comme des camées enchâssés dans des coupes de cristal. Chacune d'elles est inoubliable », ou encore : « Aiguë et tranchante comme la bise, son irruption dans une atmosphère étouffante a dissipé bien des brouillards dorés et des nuages roses mais par-delà les horizons éclaircis s'étend maintenant une nouvelle perspective sur le domaine de l'esprit[9]. » Malgré une pertinence de propos, il ne peut se retenir de laisser passer la flamme de sa vénération, et ce faisant, se décrédibilise un peu plus. Ambivalence permanente qui montre aussi son malaise.

Dans une lettre de commentaires faite après une première version, Friderike, qui ne mâche pas ses mots, lui indique, après les compliments d'usage, qu'il ne devrait pas s'aventurer ainsi dans des « jugements de valeur ». Peut-être a-t-elle contribué au resserrement de l'ensemble qui se voulait encore plus ambitieux sur la psychanalyse en général. Il est vrai que Zweig a su reconnaître la force, le courage et la portée de Freud et que, par cette présentation, il lui rend un hommage. Évidemment, Freud n'est pas très satisfait, il ne voit dans cet essai qu'une vulgarisation de ses travaux, avec, à certains endroits, une simplification qu'il trouve un peu gênante. Ce qu'il apprécie avant tout chez Zweig, c'est son talent d'écrivain et le fait qu'il ne se mêle pas d'autres sujets plus sérieux. Louis-Charles Baudouin, que Zweig connaît de sa période suisse, lui a rapporté avoir passé quelques heures avec Freud et Adler; les deux auraient discuté de *La Confusion des sentiments* sur laquelle ils auraient été — pour une fois — d'accord. Au moins Freud n'aura-t-il pas réussi à se fâcher avec Zweig comme il l'a fait avec de nombreux disciples... (ce qu'il faut attribuer sans doute à l'attitude conciliante de l'écrivain). Mais il a souvent été gêné de la manière dont Zweig vantait inlassablement ses talents ici et là et ne tolérait pas ses intrigues tramées pour que le prix Nobel lui soit attribué. Il rencontrera par l'entremise de Zweig, Romain Rolland puis, une fois exilé à Londres et peu de temps avant sa mort, Salvador Dalí qui fera son portrait. En 1936, Freud lui soufflait déjà dans une lettre qu'il risquait, en raison de sa maladie, de choisir le jour de sa mort et que de cette façon Zweig serait obligé de l'oublier, lui qui l'avait déjà placé dans un musée de cire bien personnel...

Pourquoi Zweig se lance-t-il quand même dans l'aventure malgré ce qu'il peut aisément pressentir de réticence chez Freud ? Est-ce chez lui un orgueil démesuré ou une manière de se dissoudre plus sûrement devant le maître vénéré ? Zweig sera dévasté à la mort de ce dernier en 1939, anéanti devant le départ de l'un des derniers piliers de sagesse à qui il avait prêté la formule de Goethe : « Seul ce qui est fécond est vrai [10]. »

Avec Romain Rolland, la relation n'est guère plus simple, même s'ils sont restés en contact. Rolland se dresse toujours comme la statue du Commandeur, il est l'autorité à laquelle Zweig s'adresse en dernier recours, la personne morale qui lui dicte une conduite. Zweig déteste la politique, l'engagement, l'histoire, les feux de l'actualité… Plus il vieillit, plus il cherche à s'éloigner de tout ce tapage et à tendre vers l'effacement le plus radical de lui-même. Dans ce sens, son suicide est la seule réponse possible face à une histoire en marche dans laquelle il ne veut plus porter ses pas. Rolland donc met en garde, explique, donne son assentiment ou son désaccord, bref, reste sur un piédestal, tandis que Zweig se justifie, se défile parfois et se place immédiatement dans la position subalterne du disciple.

Le Journal de Rolland révèle envers Zweig une terrible défiance, un questionnement permanent qui lui fait dire que, malgré tous les efforts de ce dernier, il n'est pas si proche de lui. Rolland est un être engagé par essence, il croit en la réunion des gens de bonne volonté et pense qu'il faut lutter « contre tous les tyrans ! » comme l'intime le vers de Schiller. Au contraire de Zweig, il n'est pas fondamentalement pessimiste et, en outre, il veut se lever et prendre la parole quand il croit que c'est nécessaire. Toujours irrésolu, Zweig est dans l'évitement et dans l'esquive. Rolland a du mal à comprendre son silence : « Rencontres pénibles, malgré notre vieille amitié. Il est trop clair que nos chemins se sont séparés. L'impression qu'il me fait est inquiétante... Que de fois je l'ai vu vaciller, flotter d'un sens à l'autre en cherchant à se persuader qu'il reste le même[11] ! » note Rolland en 1933 dans son Journal. Il ne comprendra pas Zweig quand celui-ci songe à quitter Friderike et défendra toujours les intérêts de celle-ci. Pas plus qu'il n'approuvera l'installation de Zweig au Brésil, affirmant que celle-ci intervient trop tard dans sa vie pour lui être réellement bénéfique. Ni même enfin qu'il ne prévoira son suicide en 1942, imaginant à tort cette fois que Zweig est suffisamment solide pour savoir se préserver comme il l'a fait jusque-là... La seule remarque vraie qu'il formule sur Zweig concerne la souffrance que ce dernier éprouvera en raison de l'éloignement géographique de ses amis. Ce qui pourrait être, d'après Rolland, l'une des vraies raisons de sa mort volontaire...

Un élément important de leur amitié passe précisément par leur correspondance. Zweig s'y confie facilement, sans doute parce qu'il pense que cela est destiné à rester entre eux deux. Or, en 1919, Rolland lui signifie qu'il voudrait publier certaines de leurs lettres pour son Journal des années de guerre. Cela gêne grandement Zweig qui invoque une « pudeur morale », thème, pour lui, essentiel.

Dans la troisième trilogie qu'il publie en 1928 sous le titre *Trois Poètes de leur vie* et qui comporte des essais sur Stendhal, Casanova et Tolstoï, il explique l'importance de cette notion dans sa préface. Ces trois figures se sont précisément adonnées à l'autobiographie que Zweig voit comme une sorte d'épopée de l'introspection où se côtoient des éléments d'hypocrisie, de dissimulation et de jeu. Plus on semble donner de soi, moins sans doute le fait-on, peut-être est-ce avant tout ce qu'il cherche à dire. Il parle en tous les cas du courage qui accompagne cet acte. « De même cette volonté de nous confesser au monde lutte dans notre intellect avec la pudeur morale qui nous conseille de voiler notre intimité », affirme-t-il dans sa préface. Puis, dans le portrait de Stendhal, il débute immédiatement par cette phrase qui se joue de l'illusion : « Peu d'écrivains ont autant menti et se sont autant plu à mystifier le monde que Stendhal, peu d'écrivains ont mieux dit la vérité et avec plus de profondeur que lui [12]. » Quelles sont les parts du mensonge, quelles sont celles de la vérité, voilà ce qu'il cherche à définir au travers de ces personnages. Ou encore comment énoncer sans se trahir, comment ne rien laisser passer tout en donnant l'exacte impression contraire. Ou comment enfin l'écrivain Zweig n'a cessé de se dire en parlant des autres…

En 1928, il est question cette fois d'une biographie… sur lui. Beau-fils du directeur des Archives de guerre à Vienne où Zweig a effectué son service pendant la guerre, l'auteur, Erwin Rieger, est poète et grand connaisseur de la littérature française. Il va d'ailleurs servir à Zweig d'assistant pour ses recherches et ses traductions. « Rieger me convient très bien, parce qu'il est discret et me présenterait plutôt que de faire ma louange... Je t'avouerais que cela me plaît bien que cela se fasse, ne serait-ce que pour des raisons purement techniques, puisqu'on ne cesse, de Russie et d'ailleurs, de me réclamer des "éléments". C'est là la seule raison de mon assentiment », confesse Zweig à son ami Victor Fleischer qui est l'éditeur du projet[13]. Zweig sera pour une fois dans le rôle inverse de celui qui est habituellement le sien. Évidemment il va se dire déçu par le travail de Rieger qu'il trouve trop élogieux, ce qu'il ne peut entendre, lui qui est toujours très critique sur son propre travail. Peut-être aussi parce que Rieger procède de la même façon que lui : son approche par trop hagiographique agit comme un miroir qui lui renvoie sa propre image.

Tant de lecteurs se plongent dans ses livres, qu'il semble inévitable qu'ils finissent eux aussi par s'intéresser à sa personne. C'est ce que Zweig reconnaît implicitement, et c'est ce dont justement il ne peut que souffrir. Tant que l'intérêt porte sur ses livres, cela ne le dérange pas, mais cette attention pesante sur la personne célèbre qu'il est devenu, le perturbe. Quand il est en cure ou en vacances, il cherche à rester incognito et se réjouit quand il y parvient. Même si parfois il confie à Friderike le trouble dans lequel le mettent les regards insistants de ses admiratrices… Mais en général, il prend tout cela en horreur. À telle enseigne que ses conférences même lui deviennent de plus en plus pénibles : il éprouve alors de réelles difficultés à s'exprimer qui le conduisent parfois jusqu'à la paralysie. Il se sent vite traqué et ressent le besoin de se réfugier loin de tous. C'est ainsi qu'en 1926, Friderike s'adresse en toute confidentialité à son ami Adelt : « Dès que l'on a reconnu en lui le célèbre St Zw., Stefan fuit toujours pour rentrer plus tôt que prévu à la maison ; il est alors de l'humeur d'un homme qui a la gueule de bois, hostile à la famille à un point extrêmement dangereux… On ne réussit que difficilement à se plaquer contre les murs, et on s'y fait des bleus… À quoi bon tous ces succès si, d'un point de vue humain, les choses sont si tristes[14] ? » Les lettres de Zweig à Friderike lui font part de ses ruses pour ne pas sortir avec les gens qu'il rencontre. « Je reçois les plus aimables invitations à me promener en Rolls Royce, very funny and amusing offers, you will be amused. Mais I would prefer to write my *Casanova* than to live it », ou : « Oh la gloire quelle saleté, quelle ordure[15] » [*sic* en français].

Dans son travail, il pense même reprendre un pseudonyme comme lorsqu'il était jeune homme ; il signe en 1928 avec l'écrivain autrichien Lernet-Holenia une comédie intitulée très justement *Quiproquo* où il apparaît sous le pseudonyme de Clemens Neydisser. Petite supercherie qui sera pourtant percée à jour par un critique trop heureux de lever le voile. À l'écrivain Hans Carossa, il affirme : « Cela me dégoûte quand je lis qu'on évoque mon nom en bien ou en mal (le plus souvent ces derniers temps en mal) et j'aimerais me débarrasser de lui comme un serpent de sa peau[16]. »

Après les décès prévus de la génération parentale — la mère de Friderike en 1923, puis le père de Zweig en 1926 —, voici que commencent à disparaître certains amis ou connaissances. L'artiste E. M. Lilien, qu'il avait tant apprécié à Berlin, meurt en 1925 ; et Léon Bazalgette qu'il dépeignait comme un maître en amitié, en 1928. Ce sont aussi les deux grandes figures de la poésie autrichienne qui disparaissent de la scène littéraire. En 1926, Rilke, qui a cinquante et un ans à peine, est foudroyé par une leucémie. Zweig est bouleversé, il va refuser de faire un discours pendant son enterrement mais se rattrapera lors de différents hommages. Et en 1929, c'est le tour de Hofmannsthal âgé seulement de cinquante-cinq ans, brisé par la mort de son fils et emporté par une crise cardiaque. Zweig aimait le poète mais pas vraiment l'homme qui, de son côté, était loin de le tenir en grande estime ; Hofmannsthal pensait haut et fort que Zweig était le sous-produit d'une littérature bon marché. Leurs deux décès marquent symboliquement la fin d'une ère de poésie pure.

Le regard que portent les autres sur le soi est déjà le thème de l'une des nouvelles de Zweig écrite à la mode orientalisante et publiée en 1922, *Virata, une légende*. Dans ce conte philosophique, il veut illustrer la vie d'un sage, Virata, tourné vers les autres, qui pourtant se refuse à leur dispenser un enseignement. Malgré sa bonne volonté, il est pris à partie par une femme qui l'accuse d'avoir été un mauvais exemple pour son mari. Ce dernier, afin de se rapprocher de lui, a abandonné sa famille, ce qui indirectement, a causé la mort de leur enfant. « Car même celui qui n'agit pas commet une action qui le rend responsable sur cette terre. » Virata finit par dire qu'il ne veut plus disposer de sa volonté car :

[...] l'homme libre de tout n'est pas libre, de même que celui qui n'agit pas n'est pas exempt de faute. Seul est libre celui qui est au service de quelqu'un, qui abandonne à un autre sa volonté, consacre ses forces à un travail et agit sans questionner[17]...

C'est aussi une réflexion sur la nécessité de l'acte et une mise en perspective de toute illusion inhérente à la fréquentation d'autrui.

Dans son environnement immédiat, il y a aussi les deux filles de Friderike, Alix et Suse, qui grandissent près de lui. Si, dans ses lettres à sa femme, il ne les oublie jamais, il ne les sent pas vraiment proches de son univers. Dans plusieurs lettres écrites à plusieurs années d'intervalle, il s'épanche plutôt sur ce qui les sépare les uns des autres : elles ne s'intéressent pas à ce qui est important pour lui ou elles l'ont contrarié. Il n'est pas d'accord avec Friderike sur leur éducation. Un jour de 1925, il se déclare choqué qu'elles soient tout de même sorties se divertir, alors qu'elles venaient d'apprendre que leur père était entre la vie et la mort. « Ces enfants dont Dieu sait qu'au fond de moi j'aurais toujours voulu les associer à ma vie... la cause n'en est pas seulement leur nature si peu intellectuelle, mais cette indifférence au sentiment qui me terrifie [18] », se plaint-il à son ami Victor Fleischer. Le terme est curieux pour quelqu'un qui a inculqué par défaut une certaine réserve à sa femme, se refusant lui-même à toute démonstration intempestive. Quelle relation au sentiment a-t-il pu lui-même montrer ? Dans ses échanges épistolaires avec Friderike, il se laisse parfois aller à quelques formules tendres, comme « mon petit agneau », « ma chère enfant », « je te prends tendrement dans mes bras », « je t'envoie mille pensées parsemées de baisers » ; il l'enjoint aussi de profiter de la vie, mais cela est si rare et si fugace... Il montre plutôt ce qu'on pourrait appeler un déficit émotionnel.

Dans la même lettre à son ami, il ajoute que c'est peut-être parce que lui-même n'a pas été un bon fils qu'il paie cela en retour. En revanche, il s'est réjoui des efforts que Friderike manifeste à l'égard de sa propre mère, comme si elle détenait la clé de ces relations affectives et qu'il lui en laissait l'usage...

Pour lui, ses enfants, ce sont ses livres. Il y tient de la même manière charnelle et le répète à plusieurs reprises à sa femme. Il lui reste au moins toujours cela. En 1931, il signifie à son frère que c'est aussi une chance de ne pas avoir d'enfants. D'ailleurs, la plupart des parents dépeints dans ses nouvelles ne savent pas comment les aborder. Les mères aiment peu ou mal, ont la tête qui tourne pour des amourettes de passage et sont donc plus ou moins embarrassées par leur progéniture. Les pères sont parfois désespérés de ne pas ou de ne plus comprendre leurs enfants qui ont grandi. Les tableaux familiaux ne sont jamais montrés sous leurs aspects ingénus. Les femmes se retrouvent souvent seules avec leurs enfants, en butte à la société. Zweig ne leur donne pas beaucoup de choix, elles sont coincées entre l'érotisme et le sacrifice maternel... Elles se définissent la plupart du temps par leur rapport à leur sensualité, étouffée ou idéalisée. Quand la passion surgit, la femme est réduite à sa confusion, tout comme elle est livrée à la pulsion masculine qui va être déterminante.

L'écrivain Carl Zuckmayer a laissé un témoignage très éclairant sur le malaise que Zweig manifeste à l'égard des femmes; le voici : « Quand il venait prendre le thé chez moi, à Henndorf, et que ma femme ou une amie voulait nous tenir compagnie, il devenait légèrement nerveux, il ne s'engageait pas vraiment dans la conversation, il déclinait poliment quand on voulait lui proposer ou lui servir quelque chose, si bien qu'on finissait par nous laisser seuls : aussitôt il refaisait surface et donnait libre cours, entre hommes, à un art de la conversation intense et passionnant. Il prenait plaisir, avec des clignements d'yeux entendus, à laisser tomber quelques anecdotes relatant des expériences érotiques, pour lesquelles toutefois il n'avait jamais le temps[19]. »

En 1928, Zweig, pourtant très attentif au calme et à la protection absolue du temps de son travail, s'inquiète d'une nouvelle forme d'usure et de lassitude. Il rêve encore de voyages plus lointains, plus mythiques, et tourne cette fois son regard vers la Russie. Il y pensait déjà du temps où il travaillait sur Dostoïevski, puis sur Tolstoï. À cela s'ajoute l'intérêt que manifeste Gorki pour son œuvre et en particulier pour sa *Lettre d'une inconnue*. Le frileux Zweig a peur que son voyage prenne une connotation politique. La bagarre fait rage entre les pro-révolutionnaires et leurs opposants. Mais voici que survient une occasion unique d'y aller sans que cela paraisse trop suspect aux yeux de tous : il est invité aux cérémonies du centenaire de Tolstoï à Moscou en septembre 1928. Comme il le rapportera dans un texte dès son retour, il est fermement décidé à ne pas enjoliver ni déformer la réalité, juste à témoigner de ce qu'il voit. Il trouve ainsi que les fameux gardes rouges n'ont pas l'air si terribles et ne sont même pas armés jusqu'aux dents, comme on l'a si souvent raconté. En passant de l'Europe de l'Ouest à l'Europe de l'Est, il faut non seulement modifier ses aiguilles de montre d'une heure, mais aussi s'adapter à un nouvel univers où l'espace et le temps deviennent tout à coup immenses. Après cinquante-quatre heures d'un voyage où il attrape des bouts de l'âme russe grâce aux grands textes des écrivains, il découvre à l'arrivée qu'il doit tenir un discours sur «Tolstoï et l'étranger» devant quatre mille personnes... Il improvise dans un Opéra bondé et est très heureux de l'attention d'un public fasciné. En ville ensuite, il est déconcerté par les différentes influences présentes ici et là. «On avance de cent pas le long d'une rue et on pense être en Europe ; à peine a-t-on tourné le coin qu'on se croit projeté à Ispahan, dans un bazar, chez les Tartares ou chez les Mongols. On entre dans une église, on s'arrête, on est à des siècles de là, à Byzance, mais il suffit de sortir et de pénétrer dans le nouveau bâtiment du télégraphe pour effectuer un saut jusqu'à Berlin[20].» Il décrit la manière dont la vénération du peuple s'est déplacée de l'image de la Madone à celle de Lénine et il va voir ensuite la crypte où celui-ci repose, comme s'il était encore plongé dans un sommeil profond. Puis il évoque les musées et ce qu'il nomme «l'héroïsme des intellectuels», ces derniers ayant peu bénéficié d'amélioration de leurs conditions d'existence. Dans ce qu'il appelle une période transitoire, ils subissent de plein fouet la crise du logement, mais Zweig souligne leur stoïcisme et ce mot si symptomatique qui leur est propre « *Nitchevo* » («cela ne fait rien»). Il va écouter *Eugène Onéguine* à l'Opéra, va voir le musée Tolstoï et remarque que son livre sur l'auteur est vendu dans les rues pour vingt-cinq kopeks. Un tête-à-tête avec Gorki, un périple jusqu'à Leningrad et encore d'autres musées bouclent son séjour... avec en filigrane la gentillesse et la générosité des gens, et leur foi dans leur nouvel idéal. L'accueil est très enthousiaste et l'ardeur que tous manifestent le réconforte jusqu'à ce qu'il trouve dans sa poche la lettre d'un étudiant anonyme qui le supplie de ne pas croire tout ce qu'on lui dit et qui lui révèle qu'ils sont tous, lui y compris, surveillés et sur écoute. Cela lui fait l'effet d'une douche froide. À son retour, il se bornera à n'écrire que quelques articles. Une réserve dont il se félicite, car petit à petit l'image du bonheur soviétique va se fissurer... Faut-il le croire dans ce développement des choses ou faut-il voir une fois de plus sa volonté de ne s'engager dans rien ? La lettre glissée par une main étrangère dans sa poche serait alors une façon commode de détourner le problème, au moins de lui rappeler la plus grande prudence. Car Zweig ne supporte pas de prendre parti. Il se félicite dans ses mémoires de l'amitié de Gorki qu'il va revoir à Sorrente avec une amie, la baronne von Budberg qui leur fera office de traductrice. Plus tard, en 1931, il fera encore le projet de partir en Russie pour deux mois avec son ami Masereel afin d'y rédiger un livre qui mélangera textes et dessins, et pour lequel il envisage de traverser le pays jusqu'au Turkestan et de toucher aux frontières de la Chine.

À Romain Rolland, il va dire son partage entre fascination et déception. Il a vu la formidable abnégation d'un peuple, mais il constate aussi la misère et le renoncement face à la violence et à la contrainte : « En réalité, profondément, le rapport de l'individu à l'État n'a pas beaucoup changé. La machinerie est la même que celle du tsarisme : surveillance, espions, déportations étatiques, dictature de la volonté sans que s'exprime la volonté du peuple[21] »... On ne peut être plus lucide... Dans la même lettre il prédit même ce qu'il nomme le danger d'un « social-nationalisme ». En 1929, il observe le durcissement de l'appareil stalinien, ce que va encore relayer le suicide de Maïakovski. Ses opinions divergent de celles de Rolland qui, de son côté, va s'abriter derrière une certaine froideur à son égard. Mais là où Zweig est difficile à saisir, c'est qu'il ne va pas pour autant se rallier à ceux qui critiquent la dictature stalinienne, de toute façon, là où tout s'arrête pour lui, c'est toujours dans l'expression d'une prise de position tranchée, ou même d'un désaccord. Cela lui est impossible et il ne lui reste plus que le refuge dans le silence du travail.

Dans sa galerie de portraits historiques survient un nouveau projet, Fouché, qui l'anime désormais. Par ce nouvel essai, il cherche à montrer ce qu'est un pur politicien, sans foi ni loi, qui n'hésite pas à commettre les pires écarts de conduite. Zweig veut ainsi, par le biais de ce personnage si antipathique et sans scrupule, faire le portrait des gens de son temps. Comme d'habitude, le livre connaît un immense succès, ce qui surprend plutôt son auteur, car le sujet ne possède, pense-t-il, aucun des ingrédients habituels pour plaire au grand public. Ne traitant pas directement de l'actualité, il désigne d'autant mieux certains travers de la plus récente histoire. S'agit-il d'une vision prémonitoire de l'arrivée des nazis au pouvoir, de l'avertissement d'une machine politique qui s'emballe ? Zweig en tous les cas veut dire son dégoût et son inquiétude pour cette époque, et trouve dans la France révolutionnaire le nœud de bien des sujets qui lui permettent d'énoncer son opinion. Après Fouché, il s'attaquera à Marie-Antoinette.

Zweig a dédié son *Fouché* à Schnitzler « en hommage affectueux », tout comme il l'a fait avec d'autres amis ou relations depuis le début de ses publications. Ainsi, *L'Amour d'Erika Ewald* est dédié à son ami Camill Hoffmann ; *Histoires du pays de l'enfance*, à Ellen Key ; *La Marche*, à E. M. Lilien ; *Thersite*, à Leonhardt Adelt ; *Jérémie*, à Friderike ; *La Contrainte*, à Pierre Jean Jouve « en signe de fraternelle amitié » ; *Amok*, à Frans Masereel « l'artiste et l'ami fraternel » ; *La Confusion des sentiments*, à Felix Braun « l'ami de toujours ». Parmi ses trilogies, les *Trois Maîtres* étaient dédiés en 1919 à Romain Rolland ; *Le Combat avec le démon*, en 1925, à Freud ; *Trois Poètes de leur vie*, en 1928, à Gorki, et *La Guérison par l'esprit*, à Albert Einstein « respectueusement »... Ses amis très proches, sa femme, et ses maîtres si respectueusement admirés constituent donc le tissu serré de ses dédicaces.

Zweig qui est tellement dans le mouvement pour tout ce qui concerne sa vie, les voyages, les visites, a beaucoup de mal à suivre l'accélération du temps.

Son « monde d'hier » s'est fracassé contre le tumulte de la guerre et de la crise. Le refuge de l'art semble de plus en plus précaire, celui de l'amitié plus tout à fait suffisant. Sa réputation d'homme de lettres européen est très flatteuse mais le contraint à jouer un rôle de porte-parole qu'il n'a pas les moyens de tenir. À l'approche de sa cinquantième année, son bilan n'est pas plus positif, son pessimisme s'accroît, son insatisfaction ne se calme pas. Son attitude envers son œuvre est toujours aussi exigeante. Il est de plus en plus morose et angoissé.

Le dire et le taire

Car au lieu seul où agit le secret, commence aussi la vie [1].

Dans son dernier livre, sur Fouché, en dehors des liens entre le passé et le présent concernant ses vues sur la politique, Zweig exprime en filigrane sa pensée sur la nécessité du secret. Dans sa préface, il raconte être venu à cette personnalité politique par le biais de Balzac qui lui avait déjà rendu un premier hommage. « Mais Fouché a su, comme il le faisait de son vivant, demeurer dans l'histoire une figure cachée [2] », insiste Zweig ; c'est presque un talent à part entière, tant il est difficile de cerner complètement son identité ou même la vérité de son être : il se montre froid et cynique, mais il brûle d'amour pour son enfant, il semble amoral mais il est libre. Enfin, il est passionné mais inébranlable car il sait se concentrer sur l'essentiel. De ce caractère plutôt antipathique, Zweig fait quelqu'un de suprêmement détaché de tout, un grand manipulateur dans l'ombre qui tire toutes les ficelles dont il est le seul à connaître les lacis. Il détient ainsi les secrets de tout le monde et joue le rôle d'un

« confesseur officieux ». La complexité et l'épaisseur psychologiques de cet homme machiavélique ont donc attiré Zweig qui relève le défi des portes fermées et des dissimulations comme autant de pistes invisibles passionnantes. La mise en abyme personnelle avec ses propres énigmes n'est évidemment pas pour lui déplaire : Zweig lui aussi essaime quelques indices qu'il faut lire entre les lignes mais qui ne sont jamais donnés en tant que tels. La thématique du secret sera présente à la fois dans la vie et dans l'œuvre de l'écrivain. Zweig déteste révéler quoi que ce soit de personnel, il pense même qu'il faut avancer masqué pour protéger son être. Son style en est aussi le reflet, il aime dessiner ses phrases, afin de se rapprocher du cœur des choses ; il préfère l'allusion et le frôlement, le détour à l'expression directe. Ce que font également ses nombreuses métaphores en procédant par suggestions jusqu'au vertige. Enfin, ses récits bâtis sur le modèle de l'enchâssement sont propices à l'émergence de ce qui a été enfoui. Cela favorise une situation théâtrale où, tout à coup, le lecteur entre dans le vif du sujet. Il importe peu de savoir ce qui s'est passé avant ou même le pourquoi de cette rencontre, elle est en général due à un pur hasard. D'un côté, le personnage dévide son histoire, de l'autre son vis-à-vis rapporte le récit entendu. « Je compris que cet homme voulait parler, qu'il fallait qu'il parlât. Et je savais que je devais me taire pour l'aider[3] », dit celui qui devient l'écoutant dans *Amok ou le fou de Malaisie*. Celui qui parle commence en disant qu'il a désappris la parole car il a été trop seul. Mais submergé par sa terrible aventure, il semble vouloir s'en libérer. Le narrateur fait quelques allusions au temps et à l'espace réels en mentionnant les bruits de l'endroit où ils se trouvent tous les deux. Il n'entend que la voix de son interlocuteur anonyme et ne distingue pas tout de suite ses traits. Cette présence qui joue sur une forme d'absence au monde favorise la confession. Puis, le visage de cet homme se rapproche du sien, sa main lui serre le bras incroyablement fort. À la fin de son monologue, il se lève brusquement et, refusant tout autre contact, devient presque agressif devant le témoignage de compassion que tente de lui adresser celui qui a prêté l'oreille à son aventure. « Ne croyez pas que ma souffrance soit allégée, maintenant que j'ai mis à nu et ouvert mes entrailles devant vous. Ma vie est bien gâchée, personne ne peut plus la réparer[4]... », lui lance-t-il. Pour ne pas embarrasser celui qui lui a parlé, le narrateur s'efforce de ne plus lui prêter d'attention jusqu'à la fin du voyage. À leur arrivée, il entendra évoquer un terrible suicide qu'il sera bien obligé de mettre en relation avec le personnage en question.

Dans la *Lettre d'une inconnue*, celle qui écrit pour révéler toute son histoire sait qu'elle sera morte quand son destinataire lira son courrier. Cette condition absolue lui permet de s'ouvrir à lui et de ne plus se taire comme auparavant. Lui, à la fin de sa lecture, ne pourra nourrir que des regrets et éprouver un vide atroce devant cet aveu si troublant et presque irréel. Une fois de plus, la confession n'existe que pour elle-même et n'entraîne de répercussion immédiate que dans la mesure où elle crée un malaise ; jamais elle ne permet un renversement de situation.

De même, *La Confusion des sentiments* se clôt sur un baiser passionné entre les deux protagonistes, un homme âgé et un jeune homme qui découvre soudainement l'amour que ce dernier lui porte. Juste après, ils se séparent définitivement. La confession est en général définie comme unique et ne peut déboucher que sur un adieu. « Un être humain ne pouvait parler de la sorte qu'une seule fois dans sa vie à un être humain, pour se taire ensuite à jamais comme il est dit dans la légende du cygne qui seulement en mourant peut, une unique fois, hausser jusqu'au chant son cri rauque[5]. » S'ouvrir à l'autre signe un arrêt irrémédiable.

Les confidences ne sont jamais toutes-puissantes, elles ne sont qu'un chenal ouvert, un rai de lumière entrevu, car chacun reste enfermé dans son propre univers. La morale est sombre, n'entraîne aucune thérapie, aucun changement bénéfique, au contraire des efforts constructifs de la psychanalyse. La seule force de la parole est celle de la sublimation de la sexualité : ainsi dans *Vingt-quatre heures de la vie d'une femme*, celui qui écoute ne peut pas intervenir — une fois prononcés, les mots apparaissent toujours déficients.

Les confessions marquent les limites d'une solitude et n'existent que par le silence de l'autre, car elles ne sont pas supposées susciter de commentaire particulier et n'attendent aucune réaction. Elles surviennent souvent dans des situations intermédiaires, comme lors d'un voyage ou au crépuscule, lorsque l'on commence à ne plus bien distinguer les formes et que l'on se trouve « sur le doux sentier de la mélancolie[6] ». Elles effacent les frontières trop définies entre rêve et réalité. Au-delà de la force des mots prononcés, Zweig décrit toujours le corps qui réagit : une main qui tremble, un regard qui vacille, un souffle oppressé, des frissons, quelque chose qui s'évapore... La vision n'est plus très claire, la gorge est serrée, le visage s'empourpre, les pistes se mêlent. La structure du récit tout aussi haletante se dirige vers un climax final, avec parfois une résolution plus optimiste, comme celle de *La Nuit fantastique*. Le héros a vécu quelque chose d'intense pendant cette nuit marquante, et sa vie s'en trouve changée au sens le plus lumineux du terme : « Car je crois que seul vit véritablement celui qui vit son destin comme un mystère[7]. » D'ailleurs cet homme écrit lui-même ce qui lui est arrivé, comme pour mieux constater son changement intérieur profond ; c'est son témoignage écrit, tombé entre les mains d'un tiers qui le publie sans plus de commentaire ni modification, qui atteste de son équipée. L'écriture ici accompagne la découverte de l'énigme d'une vie. Le secret s'appréhende et se confirme par une confession écrite.

Mais chez Zweig, les secrets sont à manier avec prudence, pouvant glisser de la simple incompréhension à la folie. Dans *La Peur*, la jeune épouse qui trompe son mari et qui est victime d'un chantage en vient à vouloir se tuer. Le secret est trop lourd, elle ne peut plus continuer. Elle subit la fatalité d'un destin qu'elle n'a même pas choisi, comme dans une tragédie où tous les éléments sont en place et ne peuvent plus être stoppés. C'est aussi par ce qui lui arrive qu'elle saisit une partie du monde qu'elle n'avait jamais regardée auparavant. L'histoire se terminera bien, d'une façon presque rocambolesque. L'infâme qui la faisait chanter est à la solde de son mari qui a ainsi voulu la rappeler à l'ordre et qui, implicitement aussi, lui pardonne.

Le jeune garçon de la nouvelle *Brûlant Secret* ne dira pas à son père que sa mère a eu une relation avec un homme et que c'est cela qui lui a causé de la peine. Il comprend confusément qu'il pourrait faire du mal en faisant étalage de ce qu'il sait. Les caresses reconnaissantes de sa mère se muent alors en une ronde de douceur où l'enfant atteint tout à coup une communion avec le monde. Se taire lui donne donc l'amour de sa mère. Et tout cela se dénoue par des gestes et une compréhension immédiate.

Dans *Révélation inattendue d'un métier*, le narrateur décrit comment il empêche un pickpocket de lui faire les poches. Il est conscient de ce que l'autre cherche à faire et, au lieu de le dénoncer, veut juste arrêter son geste. Mais tout devient une triste méprise. Le voleur le regarde avec des yeux implorants pensant qu'il va être trahi, le narrateur déteste sa peur qui l'humilie dans son élan envers lui. Seule la fuite du premier dénoue la situation. Dans sa propre vie, Zweig avait refusé, un jour, de porter plainte contre un voleur que l'on avait retrouvé, et cela lui avait été reproché, car il dérangeait un ordre social établi.

Le secret touche aussi évidemment au monde de la sensualité qui ne peut être vécue que sur ce mode. Zweig est passé maître dans l'art des « épisodes », les rencontres avec ces femmes qu'il voit furtivement et qui sont souvent les épouses d'autres hommes. Il remarque à quel point tout peut glisser du simple jeu anodin à quelque chose de plus dangereux. En général, les aventures qu'il entame avec ces dames sont le fruit de frustrations conjugales, comme des maris impuissants. Le cocasse n'est jamais très loin dans ces corps croisés, le domaine circonscrit restant dans la pure distraction, d'un côté comme de l'autre. Avec Friderike, il est troublé au début de leur relation mais ne veut rien engager sur un mode érotique. « L'érotisme m'épouvante parce qu'il me prend, et non inversement [8] », écrit-il dans son Journal. Dans ses Journaux, Zweig fait un amalgame commode entre les deux femmes qu'il fréquente, Marcelle la petite modiste de Paris et Friderike, toutes deux apparentées par leur dévouement dans son cœur. Poussé dans ses retranchements, il choisira finalement l'une au détriment de l'autre, il privilégiera la femme d'échanges intellectuels qui accepte de se dresser entre le monde et lui pour le protéger contre la femme sensuelle qui le rend à une vérité trop brûlante.

Malgré quelques libertés prises et jamais cachées à sa femme, la vie sentimentale de Zweig va pourtant changer après de longues années de mariage. Il note de plus en plus de dissensions avec Friderike pourtant rompue à ses exigences. La vie familiale est quelque chose qui l'enserre. En 1930, il écrit à son vieil ami Victor Fleischer le descriptif des « pesanteurs familiales » : « Il ne m'a *jamais* été possible depuis douze ans de rester absent plus de trois semaines d'affilée... il faut que je sorte de ce bagne qui ne fait que m'oppresser[9]. » Les mots sont forts, à la mesure de ce qu'il vit. Les lettres échangées avec Friderike ont dû prendre un tour très difficile, d'après elle « polémique », ce qui ne pourra être vérifié, car elle ne les a pas données à lire, ainsi resteront-elles dans un domaine définitivement privé. En 1935, dans son Journal, Zweig note : « Soirée gâchée, hélas, par la lettre odieuse de Frid, je souffre énormément de cette hystérie — une maladie dont on n'a pas conscience et dont seuls les autres pâtissent... [le lendemain :] Toujours contrarié par cette lettre extravagante à laquelle je réponds mais pas assez énergiquement[10]. » Ce n'est qu'après leur séparation que leur correspondance pourra reprendre un vrai tour amical et plus tendre.

En 1934, alors qu'il se trouve à Londres pour travailler sur Marie Stuart, le sujet de son nouveau livre, il a besoin d'une nouvelle secrétaire. C'est Friderike qui la lui trouve en passant par une organisation juive d'aide aux réfugiés. C'est ainsi qu'entre dans sa vie celle qui va devenir sa seconde femme, Charlotte Altmann, âgée de vingt-six ans, alors qu'il en a lui-même cinquante-trois (ils ont vingt-sept années d'écart). Lotte convient parfaitement à son nouvel emploi, elle est efficace et discrète. Elle est juste d'une santé fragile puisqu'elle souffre d'asthme. Comment une relation a-t-elle pu se tisser entre cet homme célèbre et sombre qui se sent en ces années persécuté et vulnérable et cette jeune femme fragile et inhibée ? Les seuls commentaires extérieurs viennent de Friderike qui les rejoint de temps à autre. Elle trouve au début que Zweig paraît presque trop indifférent à sa secrétaire comme s'il ne remarquait même pas sa présence. Pourtant un jour, en rentrant plus tôt que prévu, elle se retrouve dans un mauvais vaudeville et les surprend tous deux enlacés. Friderike a par la suite émis l'hypothèse que les sentiments de Stefan seraient nés de son apitoiement pour la santé chancelante de Lotte, comme ceux qu'il a su décrire quelques années plus tard dans son roman *La Pitié dangereuse*. De façon moins romanesque, l'attachement est réel car il va déboucher sur une relation suffisamment durable pour entraîner le divorce de Zweig et son remariage. En attendant, les deux amants surpris s'excusent envers la femme offensée. Lotte n'envoie pas moins une lettre d'amour à Zweig : « Je voudrais te dire une fois encore... combien je t'aime et combien ton amitié m'a rendue heureuse [11]... »

Plusieurs interprétations se présentent face à cet événement qui va entraîner un changement dans sa vie affective. En 1931, Zweig a cinquante ans et déteste son avancée dans l'âge qu'il vit dans la terreur. Pour l'enrayer, il fait de la gymnastique, surveille attentivement sa ligne et les regards éperdus de ses jeunes lectrices. Dans son Journal, il dit entretenir sa « charogne ». Lui qui a toujours organisé, selon la coutume outre-Rhin, les cinquantenaires des autres écrivains, n'a pour unique désir que de se terrer le jour fatidique. Il reçoit bien sûr de nombreux télégrammes de félicitations et toutes sortes de marques d'estime, dont un livre rassemblant tous ses ouvrages et leurs traductions dans le monde entier. À Munich où il se trouve, il se décide à inviter l'écrivain Zuckmayer à déjeuner qui lui amène deux filles du cirque Knie. Malgré l'atmosphère joyeuse, il lui confie qu'il n'en peut plus et qu'il pense désormais avoir fait le tour de l'existence. Son édifice de livres n'est pas assez solide ou convaincant pour ce qu'il appelle lui-même sa « lucidité sceptique ». Les vœux qu'on lui a envoyés sont ponctués par les mots de Goethe « *Und so fortan!* » (« Et que cela continue ! »), qui claquent comme le défi d'une trajectoire volontaire et pourtant ne trouvent plus de vraie résonance en lui. Le succès est un fardeau, la famille un étouffoir, les sentiments qui le dominent sont l'amertume, l'angoisse et le doute perpétuel sur son œuvre. Dans son essai publié sur Tolstoï en 1928, il insiste sur la crise et les transformations qui surviennent chez l'auteur russe comme chez tout homme de cet âge, « le quinquagénaire a atteint le point mort de son développement critique où la plasticité du plasma commence à diminuer et où l'âme menace de se figer[12] ». Les sens sont émoussés, les sensations sont moins fortes, lassitude et neurasthénie sont devenues lot courant. Zweig met la même énergie que Tolstoï à sonder son cœur et sa nature et ne cesse de clamer qu'il souhaite des changements, des événements suffisamment violents pour le sortir de lui-même. Dans l'essai qu'il consacre à Verlaine, il cite un bon nombre d'écrivains qui, à un moment de leur vie, connaissent une rupture importante : Goethe et Shelley choisissent de partir en Italie, Lenau dans l'Amérique pionnière, Tolstoï — toujours lui — quitte tout à quatre-vingt-quatre ans sans un regard derrière lui... Ces hommes n'ont pas planifié leur départ : il s'est imposé à eux. Cette force primitive, qui est l'expression de leur art, leur souffle un vent de folie irréductible.

Il écrit en 1929 à Joseph Roth : « J'ai un peu honte devant vous que ma vie se déroule sans accroc, alors qu'au plus profond de moi, je ne ressens non seulement pas la peur, mais même un mystérieux désir de bouleversements tragiques[13]. » L'arrivée au pouvoir du national-socialisme et sa succession de chocs auraient pu suffire à le faire basculer, mais sa vie privée s'apprête à subir le changement qu'il appelle de tous ses vœux. Dans les lettres à son ami Victor Fleischer, il lève sans cesse le voile de l'intimité familiale ressentie malgré tout comme un grand vide, comme si tout ce qui avait été bâti au cours de ces années l'avait été en vain. Son constat est impitoyable, ce que ne partage pas Friderike qui, sans cesse tendue vers lui, a eu le sentiment d'agir comme il fallait pour protéger leur bonheur. Lotte a peut-être pour avantage majeur son énergie nouvelle et la fougue de l'âge ;

de plus elle se coule très vite dans le moule offert par le travail de Zweig, elle est enfin silencieuse et efficace et lui offre un regard neuf sur lui-même, celui de la jeunesse dont il pensait s'être éloigné. Il lui est reconnaissant de le comprendre et de l'accepter. De son côté, Friderike a fini par prendre un peu plus de distance, elle voyage, rend visite à leurs amis et s'occupe de ses filles qui entament des études.

Autre piste plausible, ce que Zweig a écrit à propos de Casanova en insistant sur le fait que le créateur, trop pris par son œuvre, néglige sa vie. Et par définition, quand la prise de conscience se dessine enfin, il est souvent trop tard.

> Seul celui qui vit pour vivre, celui qui n'est pas créateur, qui se borne à jouir, peut être libre et prodigue. Celui qui se propose des fins à atteindre passe à côté de la belle aventure : un artiste ne décrit le plus souvent que ce qu'il a négligé de vivre [14].

Tolstoï a trouvé un autre chemin en se tournant vers la foi, ce qui ne tente pas Zweig qui n'est pas convaincu par ce revirement. Lui-même voudrait avoir la force ou le tempérament de ne pas pactiser avec la société, comme ont su le faire Nietzsche, Kleist ou Hölderlin, même si le prix payé a été pour eux terriblement élevé.

Tout au fond de lui, il sait qu'il ne laisse pas s'ouvrir un chemin intérieur pour mettre au jour ce qu'il a lui-même appelé le démonisme, ce qui englobe les pulsions, la passion et le jaillissement à la Dostoïevski. Les autres lui renvoient comme image de lui-même celle d'un grand bourgeois respectable, installé et ayant réussi, alors que la notion même de l'état bourgeois lui est profondément étrangère et lui fait même horreur, car cela entraîne selon lui une privation de liberté. Sa véritable fierté, ainsi qu'il le clame, est son indépendance qu'il n'est pas près de brader pour une question de confort ou d'image. Il se voit plutôt comme un « bohémien ». L'énergie créatrice a besoin d'un ressort interne tendu qui se fatigue au contact de sollicitations permanentes et dévoratrices. C'est aussi pour lui une question de préservation de son unité la plus vitale.

S'il prodigue des conseils à ses amis et arrive lui-même à maintenir un flux de travail, sa mécanique personnelle patine pourtant dans le vide sans qu'il puisse en saisir les raisons. Il va jusqu'à mesurer combien tout cela peut paraître aberrant vu de l'extérieur : « C'est justement une aporie et je ne comprends pas moi-même pourquoi je ne m'en sors pas. Il me manque quelque part dans mon état d'esprit un nécessaire sursaut de brutalité et d'assurance[15] », confie-t-il à son ami Victor Fleischer.

Plus tard, dans son autobiographie, il se remémorera ces instants en faisant valoir non pas tant le pressentiment de la catastrophe à venir que le souffle fugace de quelque chose qu'il ne peut saisir. C'est peut-être pour cela que, dans sa vie, semble si fréquemment s'exprimer une idée de la fatalité, comme si, malgré son côté actif et interventionniste, il laissait le cours des choses décider pour lui. Il ne choisit pas vraiment le divorce, pas plus qu'il ne se décide immédiatement pour l'exil, il se met plutôt en situation et se laisse porter. Zweig est en attente d'un événement sans savoir à l'avance de quel côté il penchera. Comme s'il pouvait, dans sa vie, en une phrase ou un paragraphe, trouver un nouveau rebondissement... Dans ses récits comme dans ses essais, il dessine toujours des esquisses qui ne sont rien d'autre qu'une recherche de lui-même. Cette indécision et ce qu'il conviendrait d'appeler une porosité au monde environnant ne le quittent jamais et le laissent chancelant. Par ailleurs, toute sa structure se bâtit autour de la dualité : le succès et son refus de celui-ci, la volonté de l'amitié et le désir de ne voir personne, être aimé et ne pas aimer en retour, écrire et souhaiter ne plus faire de littérature... Si son œuvre est souvent visionnaire, il ne voit pourtant jamais lui-même venir les catastrophes, que ce soit la Première ou la Deuxième Guerre mondiale où il a été chaque fois dépassé. Il a beau produire énormément, il sent qu'il tourne autour des mêmes obsessions et des mêmes thèmes.

L'année de ses cinquante ans voit pourtant surgir une proposition inédite dans sa carrière. En effet, le compositeur Richard Strauss, qui a perdu en Hofmannsthal son librettiste (ce dernier est mort en 1929), se tourne vers Zweig dont le nom lui est bien sûr connu. Plus exactement, l'éditeur et ami de Zweig, Anton Kippenberg, se fait l'intermédiaire entre les deux hommes. C'est ainsi que Zweig apprendra le mépris qu'éprouvait Hofmannsthal à son endroit, allant jusqu'à exiger de

Max Reinhardt, le fondateur du Festival de Salzbourg, de ne jamais l'appeler à leurs côtés ni de solliciter quoi que ce soit de lui. Hofmannsthal pensait que Zweig n'était qu'un faiseur, un écrivaillon trop soucieux du public, plus proche du journalisme enfin que d'une recherche poétique véridique. Cette rivalité mesquine mise au grand jour est dévastatrice pour Zweig qui, lui, était loin de se douter de l'acharnement néfaste dont le poète autrichien faisait preuve à son égard.

Mélomane, Zweig est par ailleurs l'ami de grands musiciens, dont Toscanini, Bruno Walter et Alban Berg qui ont été ses hôtes à Salzbourg. Mais il a de plus en plus de mal avec le festival dont les manifestations estivales semblent l'oppresser. Dès 1924, il explique ses raisons dans une lettre : « Toutes les réalités manquent de pureté : je le sens particulièrement bien à Salzbourg où j'ai eu l'occasion de jeter un œil dans les coulisses du mondialement célèbre festival Reinhardt. Il y a là trop de décors, trop de trafic, et avant tout ce maudit argent qui empoisonne et détruit tout ce qui veut passer de l'état d'idée à celui de réalité [16]. » Berta Zuckerkandl précise de son côté que Zweig montrait ostensiblement son déplaisir en disparaissant soudainement pendant les festivités.

Travailler avec Strauss et continuer sur la lancée de Hofmannsthal et leurs chefs-d'œuvre communs, dont *Le Chevalier à la rose*, *Ariane à Naxos* ou *La Femme sans ombre*, est pour Zweig un signe favorable du destin. Tous deux se mettent d'accord pour l'adaptation d'une pièce de Ben Jonson, *The*

Silent Woman, en vue de la création d'un opéra-comique ; le succès de Zweig avec son *Volpone* n'y est évidemment pas étranger. Malgré son âge avancé, Strauss se montre facile et agréable, immédiatement convaincu par la qualité du travail de l'écrivain. Il a l'impression de le découvrir, se disant presque embarrassé de n'avoir pas su plus tôt à quel point ses œuvres étaient pertinentes et va jusqu'à remercier l'éditeur Kippenberg d'avoir pensé à la possibilité de leur collaboration. Zweig de son côté, après une attitude de déférence un peu figée vis-à-vis du maître, se laisse aller à son enthousiasme. Il s'enhardit à donner à Strauss son opinion sur les derniers livrets d'Hofmannsthal trop littéraires et pléthoriques à son goût. Lui-même veut aller vers une plus grande légèreté de ton et désire toucher un plus grand public. De son côté, Strauss reconnaît être sur une pente descendante en raison de son âge — il a soixante-dix ans — et, malgré sa volonté d'écrire des opéras, connaît les limites d'un genre qui, d'après lui, ne peut plus être renouvelé. Par ailleurs, il sait toujours évaluer ce qu'il a fait, ce qui est bon sans conteste ou ce qui est plus faible. Zweig a senti, malgré la lucidité et la disponibilité tranquilles du musicien, la flamme de son regard qu'il rapporte au démonisme de la création. « Cet homme extraordinaire, qui, d'abord, rend un peu méfiant par le caractère sage et rangé, ponctuel, méthodique et artisanal, apparemment dépourvu de toute nervosité de sa manière de travailler »... Il décrit ensuite ses yeux « de voyant, les yeux d'un homme qui a reconnu la nature de sa tâche jusqu'au tréfonds[17] ».

Leur première rencontre aura lieu à l'automne 1931 ; Zweig travaillera sur son livret de septembre 1932 à janvier 1933. Il est inspiré par son sujet et recherche, dans l'articulation de la comédie, une forme de vivacité. L'histoire de *La Femme silencieuse* se joue autour de son personnage principal, sir Morosus, un amiral à la retraite qui, après une terrible explosion de poudre sur son navire, ne supporte aucun bruit autour de lui, mais voudrait bien une femme pour tenir son ménage. Survient alors son neveu après une longue absence ; cependant son appartenance à une compagnie théâtrale et son mariage avec une chanteuse le placent pour Morosus définitivement du côté des faiseurs de bruit. Pour se jouer de l'obstination du vieil homme qui ne veut plus entendre parler ni du neveu ni de la nouvelle épouse de ce dernier, tous décident de lui proposer de fausses candidates au mariage en incluant la femme de son neveu. Ce sera évidemment celle-là, la plus silencieuse, qui retiendra son attention. L'imposture est ensuite poussée jusqu'au faux mariage et le pauvre Morosus découvre, plutôt qu'un modèle de calme, une vraie harpie. Enfin, la supercherie se termine sur des aveux où chacun peut reprendre sa place, le neveu avec sa femme et sir Morosus dans la paix de sa maison. La farce n'empêche pourtant pas Zweig de travailler une vraie profondeur psychologique des personnages. On pourrait d'ailleurs y voir un autoportrait ironique de l'auteur lui-même, dans sa manie d'imposer le silence autour de lui...

Dans une lettre à Strauss, Zweig dit vouloir « donner libre cours à cette pétulance dans la musique même, à la champagniser par des sons pétillants[18] ». Le restant de la correspondance sera ensuite influencé par les problèmes qui se posent devant la collaboration du Juif Zweig avec un compositeur ouvertement nazi. D'un côté, cet opéra peut être exhibé comme une vitrine culturelle, de l'autre, il n'est pas question de faire exception à la loi qui exclut les Juifs de tout spectacle. Strauss, qui n'a pas envie de s'arrêter là, demande à Zweig de réfléchir à un nouveau sujet. Ce dernier se sert d'Érasme sur lequel il travaille par la suite pour signifier à Strauss à quel point le recul et la paix intérieure sont nécessaires à l'élaboration de toute œuvre ; c'est ainsi qu'à plusieurs reprises il cherche à mettre fin à leur association.

Strauss, qui désire avant tout que Zweig continue de collaborer, s'élève contre sa décision, en lui disant que selon lui il n'y a que deux sortes d'individus : non pas d'un côté les Juifs et de l'autre les Germains, mais plutôt ceux qui ont du talent et ceux qui n'en ont pas. Mais sa position est plutôt ambiguë, à la fois il accepte d'être exhibé par les nazis en tant que musicien officiel — il accepte la charge de la présidence de la Chambre de la Musique (*Reichsmusikkammer*) —, et pense qu'il pourra ainsi réaliser ce qu'il souhaite en termes de politique musicale, mais parallèlement ne veut pas renoncer à Zweig (il a ainsi imposé que sur les affiches figure « d'après Ben Jonson, librement adapté par Stefan Zweig »). Il va jusqu'à s'écrier dans une lettre à l'écrivain : « Je vous en prie, occupez-vous de moi sur le plan artistique ! Vous seul pouvez me sculpter le grand opéra de *Sémiramis* dans le riche matériau de Calderón... mais ne me recommandez pas d'autres librettistes : ça ne donne rien et c'est du papier à lettres gâché [19]. »

Zweig qui ne cesse de lui suggérer d'autres noms de remplacement — Strauss a déjà refusé Lernet-Holenia et Faesi — parvient finalement à glisser celui de Joseph Gregor qui reprendra pour un prochain opéra une de ses idées sur la guerre de Trente Ans. Au total, Strauss aura mis en musique six livrets d'Hofmannsthal, un seul de Zweig et trois de Gregor. Le 24 juin 1935, avec l'accord de Hitler lui-même, la première aura lieu « à titre exceptionnel » à l'opéra de Dresde, sous la direction du chef d'orchestre Karl Böhm. Seules trois autres représentations suivront ; puis l'opéra sera interdit dans toute l'Allemagne nazie.

Dans son autobiographie, Zweig explique à quel point le compositeur a été fidèle et correct à son égard. D'après lui, l'opportunisme du vieil homme viendrait du fait qu'il ne pouvait mettre de côté son « égoïsme d'artiste » et ses manœuvres ne visaient qu'à assurer une position rapidement attaquable, puisque son fils avait épousé une Juive et que son éditeur également était juif, tout comme Hofmannsthal n'était pas un aryen à 100 % ... La lettre de Strauss à Zweig, où il l'assure que seules les dispositions artistiques lui importent et non pas le fait d'être juif ou aryen, lui sera d'ailleurs fatale, car interceptée par la Gestapo. Cette fois, le compositeur sera amené à présenter sa démission. En 1935, Zweig écrit à Friderike qu'il sent désormais l'« animosité » qui stagne dans l'air autour de Strauss dont les personnalités officielles ont pris congé à leur manière.

En 1932, Zweig se lance dans un nouvel essai historique, il s'agit à nouveau d'un personnage plutôt méconnu et malmené par l'Histoire : Marie-Antoinette. Il travaille à la Bibliothèque nationale à Paris et revoit de nombreux amis, dont Duhamel, Masereel, Julien Cain, Jean-Richard Bloch. Une fois de plus, la politique entre de force dans sa vie. Il s'agit cette fois d'une histoire italienne : un certain docteur Germani, en prison depuis de longs mois, payait au regard du gouvernement fasciste son engagement auprès de Matteotti, un dirigeant socialiste assassiné par leurs bons soins. Un ami de Zweig le met en relation avec la femme de ce médecin qui, désespérée, lui demande de les aider. Après différentes démarches infructueuses, Zweig se décide à écrire à Mussolini en personne auquel il demande une mesure d'exception, à savoir que le prisonnier soit enfermé dans une île pénitentiaire où femmes et enfants peuvent rejoindre les condamnés. De manière inattendue, son manège réussit si bien que Germani est libéré et Zweig peut s'exclamer avec fierté qu'il a sauvé quelqu'un.

Friderike en voyage de son côté a rendu visite à

Romain Rolland à Genève d'où elle prédit que des « jours noirs vont venir. J'ai déjà vu, lors de nuits maléfiques, les bombes de Hitler tomber sur notre maison [20] ». L'année 1933 confirme le sentiment de catastrophe : l'accession au pouvoir de Hitler, l'incendie du Reichstag en février, les premiers autodafés de livres dont évidemment ceux de Zweig en mai, les premières mesures contre les Juifs en juillet... Et pourtant Zweig se retranche, plus insaisissable que jamais. Dès février, Joseph Roth, Brecht s'exilent, tout comme Thomas Mann parti aux Pays-Bas pour une conférence et ne voulant plus rentrer ; en mars Fritz Lang refuse la direction du cinéma allemand que lui avait proposée Goebbels, tandis que des écrivains de renom sont exclus de l'Académie et mis à l'index comme Alfred Döblin, Thomas Mann, René Schickelé ou Jakob Wassermann. Les ouvrages « impurs » sont éliminés des bibliothèques publiques et sont désignés sous les termes « d'ordures et d'immondices ». « Il est temps de partir. Ils brûlent nos livres et c'est de nous qu'il s'agit... Nous devons partir, afin que dans les brasiers on ne jette que des livres [21] », prédit Joseph Roth.

Zweig se tait, ne voulant pas attirer l'attention sur son nom. Dans une lettre à Romain Rolland, en avril 1933, il parle de la confusion avec un autre écrivain qui s'appelle presque comme lui, Arnold Zweig, et qui, lui, n'a pas hésité à dénoncer les Allemands. Stefan Zweig esquive et veut uniquement se concentrer sur son travail, rester éloigné de la « politique » et... attendre. Évidemment, son silence est trop fort. Rolland pense que malgré la violence folle des nazis, Zweig ne peut décidemment pas aller à l'encontre des intérêts de sa classe sociale, la grande bourgeoisie cherchant à se défendre par tous les moyens contre la menace communiste. En septembre, Zweig lui rend visite et, comme d'habitude, attend beaucoup de leurs entretiens. Ils se parlent mais ne se comprennent plus. Rolland ne voit que la faiblesse et l'irrésolution de Zweig qui, en retour, s'embrouille. Enfin, pour couronner le tout et comme pour confirmer les mauvais présages, dans le livre du théoricien des races, Günther, c'est la photo de Zweig qui est utilisée pour figurer un exemple de sémite typique !

En avril 1933, Zweig écrit à Thomas Mann : « Les cloaques sont ouverts et les hommes respirent leur puanteur comme un parfum[22]. » À Hans Carossa, il dit ensuite qu'il ne veut pas rendre la haine pour la haine et qu'il ne peut réagir que par la consternation. Enfin survient la vive interpellation du fils de Thomas Mann, Klaus Mann, qui a fondé une revue pour les émigrés intitulée *Die Sammlung* (« La Collection »). Ce dernier a demandé à Zweig et à d'autres écrivains de renom d'y publier un texte. Le premier numéro édité choque Zweig par sa violente dénonciation du régime nazi et son parti pris plus politique que littéraire. Malgré sa promesse de lui confier un extrait de son dernier texte, Zweig se dédit. Dans un échange de lettres, Klaus Mann, qui ne comprend pas pourquoi Zweig justement veut éviter le conflit d'après lui inéluctable, affirme la nécessité du combat littéraire contre la provocation nazie. Zweig cherche à expliquer sa réticence par ailleurs dans une lettre à son éditeur, Kippenberg, mais inexplicablement ce courrier privé se retrouve publié dans un journal le 14 octobre 1933. Avec pour conséquence plutôt inattendue : émigrés et antinazis laissent planer sur Zweig un nouveau soupçon de traîtrise dont il aurait pu se passer. Zweig écrit des lettres à tour de bras où il se justifie et exprime sa tristesse de se voir ainsi trahi. Roth le supplie de prendre des décisions drastiques, comme celle de ne plus publier chez Insel : « Toute personne, peu importe laquelle et ce qu'elle fut autrefois, qui, aujourd'hui, est un éditeur en Allemagne, est une BRUTE... Encore une fois : il faut que vous rompiez avec le IIIe Reich ou avec moi [23] », l'exhorte-t-il.

Zweig n'a qu'une idée en tête : finir son livre sur Érasme dans lequel il pourra traduire ses positions. Il cherche un endroit calme afin de travailler ; après avoir éliminé Paris où se trouvent déjà de nombreux exilés, il porte son choix sur Londres. Au moins sait-il déjà que *Marie-Antoinette* est un succès colossal : élu « *Book of the month* » outre-atlantique, quatorze pays se l'arrachent pour le traduire. Le livre servira également de point de départ pour un film avec Norma Shearer, John Barrymore et Tyrone Power. Quelques voix s'élèvent pour dénoncer à quel point Zweig a encore évité tout rapport avec l'actualité et pour critiquer aussi ses explications trop psychologisantes sur les agissements du roi comme de la reine toujours rattachées à leur sexualité (l'impuissance de Louis XVI). Zweig, lui, a voulu montrer l'exemple d'un « héroïsme involontaire » et, comme souvent, fuir le présent. Désormais l'heure est à l'affirmation de sa foi dans l'esprit.

Érasme, le premier Européen selon Zweig, lui permet de faire une confession à moitié déguisée : comment se retrouver dans une époque fanatique attaché à des valeurs humaines et spirituelles et se refuser à pencher d'un côté ou de l'autre afin de préserver la plus grande indépendance. « Il voulait être *homo pro se*, homme pour soi-même, quelles qu'en fussent les conséquences... Cette attitude, cette "indécision" ou mieux cette "volonté de ne pas se décider", les contemporains d'Érasme et d'autres après eux l'ont appelée bien stupidement lâcheté ; ils ont accusé cet homme timide et clairvoyant de tiédeur et de lâcheté[24] », c'est ainsi qu'il exprime sa position. Londres lui est devenu très agréable à tel point qu'il loue rapidement un appartement au II Portland Place et y séjourne six semaines d'affilée. C'est au British Museum qu'il trouve son sujet suivant, Marie Stuart, personnage difficile autour duquel se croisent différentes théories, ce qui ne peut que l'inciter à s'y intéresser vivement.

En attendant, il ne peut plus publier chez aucun éditeur allemand. Kippenberg s'est excusé de l'incident fâcheux de la publication de la lettre qui lui a tant attiré de foudres, mais Zweig s'est enfin décidé à rompre leur engagement de vingt-huit ans. Il incite Herbert Reichner, un éditeur de revue, à monter sa propre maison d'édition qui aura son siège à Vienne, mais aussi comme le persuade Zweig, à Zurich et à Leipzig. Les émigrés, lui reprochant grâce à ce subterfuge de vouloir être diffusé en Allemagne, jettent à nouveau sur lui le discrédit. Reichner devient l'éditeur des œuvres futures et anciennes de Zweig et ne rajoutera qu'assez peu d'auteurs au catalogue, dont par la suite les noms prestigieux d'Elias Canetti et d'Hermann Broch. Une fois que tout est lancé, Zweig semble hésiter à nouveau, il écrit à Kippenberg pour lui proposer un tirage limité de son livre sur Érasme qu'il souhaite lui dédier. Il ne peut se résoudre à tirer un trait définitif sur la publication de ses livres en allemand…

Il entre alors dans une spirale où ses actes tout comme ses non-agissements sont vivement critiqués. Il a l'impression, quoi qu'il fasse, d'être sur la sellette, attendu, observé, critiqué… Plus que jamais, il a le désir de rompre avec sa situation comme il l'a fait en s'installant quelque temps à Londres. Cette difficulté à trancher se reproduira encore plus tard, dans sa relation avec Friderike où il ne cesse de tergiverser. Les décisions sont toujours prises d'une manière nécessairement violente, comme s'il devait se forcer à sortir de sa passivité. Il a de plus en plus de mal à exprimer les choses et se perd dans d'éternels atermoiements. Alors que sa célébrité lui confère une certaine autorité, il refuse de parler en son nom. Lorsqu'il écrira ses mémoires en exil, il cherchera davantage à cerner sa génération plutôt que de parler de lui-même. C'est le seul biais supportable qui lui reste.

L'être juif

[...] cette unité sans langue, sans liens, sans pays natal... juste par le fluide de l'être[1].

Dans la nouvelle Allemagne nazie, Zweig, parce qu'il travaille avec Richard Strauss, est en butte à de sévères attaques. Croyant que le régime en place le confond avec Arnold Zweig, un écrivain très politiquement engagé, il pense que ces critiques virulentes ont pour raison un fait politique. Joseph Roth lui rétorque que cela n'a rien à voir avec une quelconque idéologie mais uniquement avec le fait qu'il soit juif. Ce qui ne semble pas effleurer Zweig qui, depuis longtemps, s'est résolument placé dans une mouvance cosmopolite. Né à Vienne d'origine moravo-italienne, il se définit davantage lui-même comme un Européen. Son propre père était déjà issu d'une famille plus attentive aux notions du progrès qu'à la seule orthodoxie religieuse. Zweig évoque la période dans laquelle il a grandi en insistant sur ce que les Juifs ont réussi à insuffler dans le pays et tout particulièrement à Vienne : un culte ardent des arts qui, en retour, leur a permis une plus grande élévation spirituelle. « Les neuf dixièmes de ce que le monde célébrait comme la culture viennoise du XIXe siècle avaient été favorisés, soutenus, voire parfois créés par la société juive de Vienne[2] », écrit-il. Et il cite tous les intellectuels et tous les artistes juifs qui se sont fait connaître à l'étranger, les Mahler, Schoenberg, Schnitzler, Freud... et tant d'autres noms qui ont porté la culture vers son accomplissement le plus haut. Zweig voit en Vienne une formidable synthèse de ces énergies différentes qui ont pu s'harmoniser de la manière la plus avantageuse qui soit. Cette capacité d'assimilation a été, d'après lui, d'autant plus favorisée à Vienne où a su s'épanouir, depuis Marc Aurèle, un esprit de conciliation et d'universalité. Il rappelle l'adage typiquement viennois « vivre et laisser vivre » qui a protégé les voisinages de toutes sortes d'incursions hostiles. Cette vision quelque peu optimiste est étayée par le récit de ses propres expériences en tant que Juif : il affirme qu'il n'a jamais souffert de quoi que ce soit, à l'école, à l'université ou plus tard dans le monde littéraire.

Ces propos ne rencontrent pas le même écho chez son aîné, Arthur Schnitzler qui, lui, a rapporté des incidents avec des agressions au moins verbales d'étudiants et qui, dans son œuvre, particulièrement dans *Vienne au crépuscule*, décline cette thématique pointée comme douloureuse. Plusieurs personnages sont pris dans le faisceau de ces difficultés, comme ce jeune médecin qui fait de la politique et qui décide d'abandonner après avoir été traité de « sale youpin ». Ou encore cet être borné et fruste, surtout paresseux, qui se refuse à travailler pour ceux qu'il désigne avec mépris comme de riches Juifs. Enfin, l'un des personnages principaux, écrivain de son état, synthèse de toutes ces susceptibilités et qui invoque facilement le fait d'être juif, s'exclame, exaspéré par une remarque de son interlocuteur sur la revendication de sa judéité : « Ce qu'il vous plaît d'appeler maladie de la persécution, mon cher Georges, n'est en vérité rien d'autre que la conscience aiguë, toujours en éveil, d'un état dans lequel nous nous trouvons, nous autres Juifs, et, plutôt que de maladie de la persécution, on pourrait parler de l'illusion maladive de se croire à l'abri, laissé en paix, d'une illusion maladive de sécurité[3]... »

Dans sa jeunesse, Zweig a eu la chance de débuter au sein du plus grand journal viennois grâce à Theodor Herzl, le père du sionisme. Il décrit la publication de *L'État juif* de Herzl comme un pavé dans la mare relativement tranquille de l'empire. Car, d'après lui, l'époque se voulait optimiste et même si la question juive n'était pas résolue, elle semblait « s'assoupir ». Malgré la forte sympathie et l'admiration qu'il a éprouvées pour Herzl, il ne s'est jamais aventuré à écrire un livre sur lui comme il a voulu le faire avec les nombreuses personnalités qui l'ont enthousiasmé. Tant il est vrai que Zweig veut se situer dans l'espace unique de la création.

Malgré ses réticences à tout engagement, Zweig se lie dans sa période berlinoise avec de jeunes camarades qui, eux, sont portés par le mouvement artistique de la « Renaissance juive ». Ainsi, l'artiste Ephraïm Moses Lilien qui vient de Galicie orientale et qui, fervent défenseur de cette nouvelle cause, est l'un des membres fondateurs, avec Martin Buber, d'une maison d'édition à Berlin et d'une revue sioniste *Der Jüdische Almanach*. Une fois de plus, c'est l'œuvre du graphiste et du poète qui retient davantage l'attention de Zweig et sur lequel il écrit. Dans l'introduction de sa monographie, quand il parle du sionisme, c'est en le rattachant à une esthétique. De même, il entretient une longue correspondance avec Martin Buber qui a repris, entre 1901 et 1904, la direction d'une revue sioniste *Die Welt* (« Le Monde »). Ce dernier sera plus tard un interlocuteur très privilégié sur la question de la judaïté de Zweig.

En 1915, pendant la Première Guerre mondiale, alors que Zweig est dans l'armée, il est envoyé en Galicie. Sa mission est assez simple puisqu'il doit rapporter les originaux des proclamations et autres affiches russes dispersées sur le territoire autrichien. Muni d'un laissez-passer, il peut se rendre où il veut. Immédiatement l'horreur de la guerre lui saute à la gorge, mais il est tout autant frappé par la misère d'un ghetto dans lequel il entre. Dans une lettre, il écrit avec une étonnante faculté de prémonition et de parfaite analyse :

> Je sais trop bien à quel point la situation des Juifs est tragique... Je suis fermement convaincu que l'exaspération qui est

> déjà latente actuellement se déchaînera non pas contre ceux qui ont provoqué la guerre... mais contre les Juifs. Je suis convaincu, inébranlablement, qu'après la guerre, l'antisémitisme fera le nid de cette « grande Autriche [4] ».

Ce qu'il adviendra du sort des Juifs en Europe pendant le nazisme va le dévaster. Il devra faire face à l'horreur de la situation dont les récits dépasseront encore toutes les atrocités précédentes. Il éprouvera en plus la culpabilité de se sentir protégé, au loin.

Dans son œuvre, il instaure plusieurs axes de réflexion. L'un de ses tout premiers textes, *Dans la neige*, paraît au tout début du siècle, alors qu'il n'a pas encore vingt ans. Il s'agit d'une histoire de fanatisme et de traque antijuive qui pousse une petite communauté à s'enfuir en plein hiver. Ce ne sont pas les assaillants tant craints mais le froid qui aura finalement raison d'eux. Zweig montre déjà une certaine indétermination à l'égard de ce travail qu'il ne veut pas tout d'abord destiner à des revues juives. Il s'y résoudra finalement, préférant voir sa nouvelle publiée : ce sera dans la revue sioniste *Die Welt*. Avec Martin Buber, il ne cesse d'affiner ses propos. Ainsi : « Le fait d'être juif ne me pèse pas, ne m'enthousiasme pas, ne me fait pas souffrir et ne m'isole pas, je le sens comme je sens le battement de mon cœur quand j'y pense et ne le sens pas quand je n'y pense pas [5] », lui explique Zweig. Il lui suggère de lancer une enquête auprès des auteurs allemands d'origine juive, ce qui pourrait, ajoute-t-il, avoir une fonction libératrice. Car la difficulté est de toute évidence de « voir clair ». Lui-même n'accepte pas que le judaïsme devienne une « prison du sentiment » qui se dresserait entre lui et le monde, cela ne lui convient pas dans la mesure où cela comporte quelque chose d'enserrant et de contraignant. Il complétera ses propos plus tard quand il déclarera être en accord avec le concept même de diaspora qui permet au moins une unité d'esprit plutôt que la confrontation d'une réalité trop pesante. C'est déjà là une forme de liberté.

Pendant les années de la Première Guerre mondiale, Zweig travaille à ce qui sera son grand drame pacifiste, *Jérémie*, qu'il ancre dans le destin juif, ce peuple élu dans la transfiguration de la souffrance. En 1917, il dit à Martin Buber qu'il considère avoir encore évolué sur la question ; il n'est toujours pas favorable aux idées sionistes, à la concrétisation d'une nation, mais sent très fortement la possibilité d'aller, grâce au judaïsme, vers une « liberté supranationale », car cette accessibilité spirituelle inhérente à son existence ne peut en rien être entravée. Jérémie célèbre la défaite qui offre justement à son peuple une possibilité de grâce ; là se trouve la vraie grandeur.

Dans certains de ses récits, Zweig évoque les questions de culpabilité dans le destin du peuple juif. En 1925, il publie *Destruction d'un cœur* dans lequel il dépeint un vieil homme enrichi, Salomonsohn qui, pour faire plaisir à sa femme et à sa fille, a dû s'acheter un titre afin que l'on ne prononce plus son nom perçu co mme trop juif. Alors qu'il fait le bilan de sa vie, il se dit que toutes ces années de calcul et de labeur ne l'ont mené qu'à des valeurs dévoyées dans sa famille, les deux femmes ne pensant qu'à leurs plaisirs. L'argent, si durement gagné, s'est révélé être, au bout du compte, une véritable malédiction.

La question de l'enrichissement entraîne une mécanique du secret, car il faut surtout taire ses origines. C'est ce que Zweig évoque dans *La Pitié dangereuse* publié en 1939. Le père de l'héroïne handicapée, Lajos von Kekesfalva, est l'homme le plus riche de la région. Mais ce grand propriétaire foncier magyar dissimule soigneusement sa vraie identité : c'est un modeste Juif slovaque dont le père portait encore des papillotes et qui, par un incroyable concours de circonstances et une extrême habileté, va pouvoir épouser une dame de compagnie devenue soudainement l'héritière d'une fortune colossale. Alors qu'il est devenu tout-puissant, il tremble pour la santé de sa fille qui a perdu l'usage de ses jambes. La passion de cet homme pour les affaires et l'argent se heurte à la maladie incurable de sa fille bien-aimée. Lui qui avait tout bâti autour de la richesse s'emploie à tout dilapider pour distraire et consoler la jeune handicapée. En s'attelant dès 1936 à ce qui deviendra son tout premier roman, Zweig a l'intention de faire revivre ce qui est en train d'être englouti, cette Autriche millénaire avec sa culture raffinée. Les personnages sont très typés, un militaire de l'armée austro-hongroise, un médecin qui joue au psychanalyste, une jeune fille paralysée brusque et intense, enfin un père mal à l'aise et timide, presque déplacé dans son rôle. Ce dernier porte toujours la même vieille redingote et, en dehors de l'argent qu'il distribue, se met à l'écart des autres. Dans son autobiographie, Zweig réfute l'accusation faite à l'encontre des Juifs auxquels il est reproché de chercher à s'enrichir, alors que, comme il l'affirme, leur véritable ambition concerne plus une progression spirituelle que toute autre velléité matérielle ou sociale.

Autre personnage très distinctif jusqu'à la caricature, celui du *Bouquiniste Mendel* (1929), où le héros, un Juif de Galicie, occupé à ses livres et à la montagne immense de son savoir, n'a pas vu passer le temps ni les événements. Celui qui était « une véritable encyclopédie, un catalogue universel ambulant... [une] merveille bibliographique logée dans la personne insignifiante et même un peu crasseuse d'un petit bouquiniste de Galicie[6] », pouvait citer de mémoire pas moins de quatre-vingts titres sur un thème précis et savait où les trouver. Lui qui n'oublie jamais rien, ni un titre ni une date, qui est presque un oracle de la connaissance, se résume pour les autorités policières à un vulgaire colporteur qui n'est pas en règle ; il va se heurter aux problèmes de papiers, de certificats, de nationalités. C'est ainsi qu'il sera rattrapé par l'Histoire en marche et envoyé dans un camp d'où il ressortira deux ans plus tard, définitivement brisé. Revenu dans le café où il tenait une sorte de boutique, il embarrasse le nouveau propriétaire qui ne voit aucune de ses qualités exceptionnelles et n'aperçoit devant lui qu'un miséreux. Le bouquiniste Mendel est dépeint dans ce qu'il a de grandiose et de ridicule à la fois, enfin de profondément humain.

Puis Zweig développe d'autres thèmes dans des nouvelles qu'il qualifie de légendes. Ainsi le fatalisme du *Chandelier enterré* publié en 1936. Trois générations après que la Menora, le chandelier sacré à sept branches, a été volé, un homme est chargé par sa communauté de le retrouver. La recherche de l'objet de culte va s'avérer un véritable parcours semé d'embûches, à la manière d'un rite initiatique. Suivi depuis ses années de jeune homme jusqu'à celles de vieillard, le héros se rapproche toujours du but mais se heurte à des rebondissements invraisemblables où la Menora ne cesse de lui échapper. Finalement, alors qu'il qu'il retrouve le chandelier, il décide de l'ensevelir et emporte avec lui son secret : « Qui sait s'il y dormira toujours, invisible et perdu pour son peuple qui continue sans repos d'errer d'exil en exil, ou si l'on finira par le découvrir [7] ? »

Un autre récit de ce genre est proposé dans *Rachel contre Dieu* publié en 1930, où cette fois est mise en scène la révolte du personnage principal. La femme qui ne peut se résigner va jusqu'à nier l'existence de Dieu pour défendre ses valeurs. Sa prise de conscience et sa lutte l'amèneront vers la lumière.

Il n'est pas étonnant que, durant toutes ces années, Zweig ait recours aux paraboles et aux allégories. Dans le rôle d'impartialité qu'il s'est imposé, il développe une technique de l'évitement. C'est dans cette mouvance qu'il rédige en 1940 son autobiographie. Il se trouve alors en exil, a pris la nationalité anglaise et malgré ses voyages au cours desquels il tient de nombreuses conférences se sent de plus en plus désespéré. Retrouver le bain de ses souvenirs sans ses carnets, ses notes, sa correspondance, est à la fois douloureux et nécessaire :

> Mais notre génération a appris à fond l'excellent art de faire son deuil de ce qu'on a perdu, et peut-être ce défaut de documents et de détails tournera-t-il au profit de mon ouvrage. Car je considère que si notre mémoire retient *tel* élément et laisse *tel autre* lui échapper, ce n'est pas par hasard[8].

C'est encore l'héritage de Taine qu'il cherche à mettre en avant avec les éléments que chacun porte au fond de soi et qu'il s'agit de décrypter et de faire remonter à la surface. C'est aussi la leçon de la psychanalyse qu'il a parfaitement comprise. Cependant comme toujours, alors que son entourage voit à quel point il est affecté, il ne laisse presque rien transparaître dans ses écrits, prêt à enjoliver *sa* réalité. Alors qu'il ouvre la porte de sa mémoire, il imagine une Vienne mirifique qui a gommé les problèmes d'intégration de ses habitants, dont le maire antisémite a laissé les citoyens cohabiter en paix, avec une passion commune pour les arts qui rassemble tout le monde en une même fraternité... Ce n'est que vers la fin du livre qu'il s'autorise plus d'espace dans la description des dernières années : souffrance, humiliation, injustice, douleur... sur fond de l'échec d'une Europe tant chérie. Sa capacité à rebondir s'amenuise terriblement, bien qu'il s'évertue à vouloir aller de l'avant.

Dès 1933, Zweig séjourne donc à Londres dans un semi-exil puisqu'il a encore sa maison à Salzbourg. Terriblement hésitant, à la fois sur sa conduite et sur ses projets, il se réfugie comme d'habitude dans le travail. Une chose va le faire basculer vers le départ, cette fois définitif. Il se trouve à Vienne en février 1934 lorsque éclatent les troubles entre la milice nationale et le Schutzbund, la défense républicaine constituée par des ligues ouvrières. Cette organisation est accusée de cacher des armes au sein de la Maison des Travailleurs que la milice cherche à prendre d'assaut. C'est la guerre civile, le gouvernement proclame l'état d'urgence après que la grève générale a été déclenchée par les travailleurs. Au milieu de ces affrontements, Zweig ne remarque rien ; au moment de traverser une rue pour se rendre à un rendez-vous, il est arrêté par des hommes en uniforme armés de fusils qui lui demandent où il va. Ils le laissent passer et Zweig continue son chemin sans s'en préoccuper davantage. Ce sera la première fois qu'un gouvernement prendra l'initiative de faire tirer sur la population civile, cherchant à atteindre les opposants où qu'ils soient au milieu de la foule. On dénombrera plusieurs milliers de morts et de blessés, et il s'ensuivra une terrible répression. Après ce carnage, Dollfuss instaurera un parti unique et enterrera ainsi la démocratie.

Zweig entre-temps est rentré chez lui, au Kapuzinerberg où, quelques jours plus tard, il est réveillé de très bon matin par son serviteur qui lui dit confusément que des policiers sont à la porte avec un ordre de perquisition : ils seraient à la recherche d'armes du Schutzbund. Tout d'abord complètement désarçonné, Zweig les laisse fouiller, évidemment en vain, et ce n'est qu'après leur départ qu'il réalise ce que cette « farce » sinistre veut dire. C'est indirectement le début de la terreur menée par les nazis. La police autrichienne, qui subit leur pression continuelle, cherche à prouver qu'elle agit aussi de son côté et contrôle d'éventuelles menaces. Venir dans des maisons privées, surtout dans celle d'un homme célèbre comme Zweig, c'est montrer aux nazis que la police est encore maîtresse chez elle et décide de ses agissements. Pour l'écrivain, c'est la preuve éclatante qu'un piège est en train de se refermer petit à petit sur les libertés individuelles. La menace allemande sur l'Autriche est plus que tangible et présage de bien d'autres choses à venir.

Zweig ne peut plus supporter de voir sa maison après cet incident. Terriblement inquiet, il décide de faire ses bagages. Une fois arrivé à Londres, il prévient les autorités de Salzbourg qu'il est définitivement parti de chez lui. Il commence alors à se sentir délivré. Un peu plus tard, il demande à Friderike de tout vendre, ce qui la plonge dans un grand désarroi. Zweig est pessimiste sur la situation de son pays et ne veut plus se sentir enfermé dans sa relation maritale. Leur échange de courrier indique sa volonté de se dégager le plus possible, de se sentir libre et de ne plus avoir à supporter ce poids d'être attendu quelque part. Seul le provisoire l'intéresse, rien de fixe ni de contraignant. Il change alors d'adresse à Londres et s'installe à Hallam Street. Lui qui n'aimait pas trop la capitale britannique s'accoutume à cette ambiance différente et à la manière particulière des Anglais de se tenir à l'écart. Dans une lettre à Romain Rolland, il est un peu plus cynique en précisant que cette forme d'indifférence est sans doute liée à leur volonté de préserver leur prospérité, ce qui les pousse à écarter ainsi toute sorte d'obstacle. Il propose alors à sa femme de garder la maison comme résidence d'été. De son côté, Friderike, qui pense encore partager l'appartement londonien avec lui, lui demande instamment de congédier Lotte. Ce qu'il se refuse à faire. Dans le volume de leur correspondance où elle donne parfois quelques commentaires sur leurs échanges, elle fait part de l'indécision de Zweig : « Par ailleurs, Stefan ne voulait pas que je m'éloigne de sa mère et de mes filles, et tantôt il souhaitait, tantôt il ne souhaitait pas que je brise les ponts, comme lui, au fond, l'avait déjà fait[9]... » Elle explique ensuite que la situation politique critique a rendu les transactions difficiles, ce qui mène Zweig à croire qu'elle ne fait pas ce qu'elle devrait faire. Entre-temps, il est passé par Salzbourg où il a trié et détruit de nombreux documents, décidé à céder ou à mettre en lieu sûr tout ce qui a compté pour lui jusque-là, ses manuscrits, ses brouillons... Il offre de nombreux livres à différentes institutions, dont la Bibliothèque nationale de Vienne ; les lettres d'écrivains seront données à la Jewish National Library à Jérusalem. Il fait vendre ses autographes. Bref, tout est dispersé... Alors que sa vie sentimentale est dans un grand flou, il tranche de manière drastique pour tout ce qui touche à ses affaires personnelles. C'est pourtant encore Friderike qui vient s'occuper à Londres de son déménagement. Elle fait tapisser les murs du même rouge qu'il a toujours eu et aimé chez lui et fait construire une réplique de sa bibliothèque, malheureusement beaucoup plus petite que l'originale. Plus tard en 1938, Zweig écrira dans une lettre à Rolland (le texte est tel quel en français) :

> Eh bien, *j'ai vu* les Nazis venir, j'ai *su* qu'ils viendront d'un seul coup et si j'aurais suivi sa volonté, je serais aujourd'hui dans un camp de concentration ou déjà assassiné... *Avec l'écrasement des socialistes l'Autriche était finie* et je suis fier, de n'avoir pas léché les bottes du Cardinal Innitzer, ce traître, et tous les autres [10].

Il ajoute que Salzbourg est de toutes les villes la plus nazie et la première dans toute l'Autriche à brûler les livres.

En 1935, il publie un portrait de Toscanini, la traduction d'une pièce de Pirandello, ainsi qu'une nouvelle biographie : *Marie Stuart*. Ce dernier ouvrage va être une fois de plus un incroyable succès, 300 000 exemplaires se vendent en Amérique pour la seule première année. Thomas Mann notera dans son Journal une critique violente contre cette sorte de livre de « bas étage », « trivial » qui n'a aucun intérêt puisqu'il « déforme » le sujet, si puissant soit-il. Zweig s'est entre-temps rendu à Nice où il reste un mois. Il y fréquente Jules Romains, Joseph Roth, son « cauchemar bien-aimé », qui s'enfonce de plus en plus dans l'alcool, Schalom Asch qu'il connaît depuis 1929 et qui lui a fait découvrir la littérature yiddish, Stravinski, Schickelé, Hermann Kesten...

Puis Zweig se rend à New York afin d'y donner une conférence radiophonique. En Amérique, comme en Angleterre, on le presse de s'exprimer sur la question juive. Mais il esquive, car ce qui le gêne avant tout, c'est l'idée d'attirer trop l'attention, ce qui, a contrario, pourrait provoquer une forme d'antisémitisme. Puisque être juif signifie être suspect, il faut donc selon lui une attitude irréprochable. Zweig professe cette opinion depuis son *Jérémie*, d'où le recours à l'art qui parvient à tout transcender. Il pense créer une revue juive internationale et cherche obstinément autour de lui des fonds. Pourtant, certains de ses interlocuteurs ne sont pas d'accord avec lui, pensant que c'est encore un atermoiement de plus qui ne prend pas la réalité à bras-le-corps. En discutant avec le fils de Schalom Asch, qui a l'intention de son côté de lancer un journal judéo-communiste, il est persuadé que l'on ne peut pas « manger à deux râteliers » et qu'entre deux feux, il faut choisir le sien.

Il revient alors dans le creuset de son travail

et réfléchit à une nouvelle biographie : après son Érasme en butte contre Luther, c'est désormais Castellion qui le préoccupe, l'humaniste français réfugié à Genève et qui s'est opposé à Calvin. Les gens qui le rencontrent à cette période rapportent à quel point il paraît en souffrance : il ne sait que faire, se sent surexposé dans la tourmente, sans cesse son appui est réclamé, son nom demandé… il est usé et dépassé. Par ailleurs, il ne faut pas oublier ses interventions concrètes auprès d'amis comme Joseph Roth et Ernst Weiss auxquels il fait parvenir régulièrement de l'argent. Un témoignage de l'écrivain Hermann Kesten expose à quel point Zweig a littéralement sauvé la vie de nombreuses personnes. En 1935, il cède à Richard Strauss l'ensemble de ses droits contre une somme qu'il verse à des écrivains autrichiens dans le besoin. En 1939, dans une lettre à un ami, il dit avoir donné les droits de l'édition new-yorkaise au fonds des réfugiés et aide comme il peut et sans relâche autour de lui. L'actualité ne lui laisse aucun répit.

En Allemagne, les nouvelles sont effroyables ; dès 1933, les nazis ont appelé au boycottage de nombreux corps de métiers juifs, puis les accès à différents lieux leur ont été retirés, tandis que les droits civiques ont été peu à peu supprimés… Zweig voit dans une agence de voyage à Londres des réfugiés rassemblés en attente de départ, prêts à aller n'importe où. Expulsés, laminés, broyés, ils sont de plus en plus nombreux et de plus en plus affolés de ce qui arrive. Zweig qui se sent particulièrement impuissant malgré son éloignement ne pense pas encore à fuir plus loin. Il subit son époque qu'il décrit comme « odieuse », « effrayante », « insupportable » : « On a envie de se terrer dans un trou de souris et de ne plus lire un seul journal [11] », écrit-il à Friderike en mai 1936. Il voit la catastrophe arriver, mais veut encore s'abriter derrière les visions reconstituées de l'écriture. Tant qu'il peut travailler, il a la sensation de ne pas couler et, même, de retenir le flot d'horreurs. Quand on lui propose alors en 1936 un voyage au Brésil pour une tournée de conférences qui se double d'une invitation du Pen Club à Buenos Aires, il accepte immédiatement, soulagé à l'idée de s'éloigner de tout ce qui se passe. Il est persuadé alors que le danger de la guerre est écarté, et pourtant, à ce même moment, elle éclate en Espagne.

Il part de Southampton à bord d'un transatlantique où il rencontre des réfugiés juifs avec lesquels il a de longues discussions. Au Brésil, il est surpris et charmé de voir à quel point son œuvre est lue et connue : il est reçu comme un dignitaire avec tous les honneurs dus à son rang. Il suit un programme très minuté et n'a que peu de temps à lui. Discours, conférences, signatures, autographes, tous veulent voir le grand écrivain. Dans une lettre à Friderike, il se compare à Marlene Dietrich quand il songe à l'invraisemblable luxe déployé autour de lui ; il est véhiculé dans une limousine avec chauffeur, tandis que des nuées de photographes le suivent dans tous ses déplacements. Invité à visiter une prison modèle de São Paulo, il est accueilli par un orchestre de trente détenus qui joue pour lui l'hymne autrichien. Un photographe le mitraille. Il apprend par la suite que ce pensionnaire à vie est l'assassin de trois personnes...

« Les yeux comblés de bonheur par les mille beautés de cette nouvelle nature, j'avais jeté un regard dans l'avenir[12] », écrit-il dans ses mémoires où il évoque son séjour. Il parle à Friderike de paysages merveilleux, relate une excursion à Petrópolis, là où quelques années plus tard il ira vivre et mourir, et s'enthousiasme pour la beauté unique de l'endroit. Il adore Rio qu'il compare à un conte et est séduit par sa magie incomparable; la gentillesse et la chaleur des Brésiliens le touchent, tout comme l'émeut la beauté des Brésiliennes. Tout est « incroyable », il sent là-bas une formidable propension pour le futur lumineux alors que l'Europe est en train de sombrer dans l'effroi.

Lorsqu'il quitte le Brésil, c'est pour se rendre en Argentine pour le congrès du Pen Club. Il y retrouve quelques figures amicales, dont Georges Duhamel et Jules Romains qui se haïssent et qui le mettent dans une situation délicate : gérer leurs conflits. Les longues sessions du congrès ne lui plaisent pas, d'autant que les affrontements entre les participants sont inévitables. Zweig se tient à l'écart; sa participation est minimale. Il n'intervient que dans les coulisses pour essayer d'apaiser les choses. Le reste du temps, il évite soigneusement toutes les propositions, de présidence ou de conférences. Un journal publie une photo de lui où il se cache le visage entre les mains (afin justement de ne pas être pris en photo) et la légende prétend qu'il a été surpris en train de pleurer. Il est furieux car il déteste le rôle de martyr dans lequel on essaie de l'enfermer. Et puis Buenos Aires n'a pas le piquant de Rio, ni cette générosité dans l'accueil. Pourtant, il reçoit tous les jours un bouquet de roses rouges d'une fervente lectrice de la *Lettre d'une inconnue*. Il donne une seule conférence au profit des réfugiés, une allocution vibrante qui paraîtra dans un bulletin associatif d'assistance aux Juifs de langue allemande. Il s'agit de ses réflexions sur la judéité, ainsi que d'une analyse de l'antisémitisme. Il y évoque la personnalité de Theodor Herzl qui, comme il le raconte, n'a pas été très bien perçu dans sa propre communauté à Vienne, car il réveillait brusquement des problèmes qui semblaient en voie de disparition. Pendant des siècles où les Juifs ne s'étaient pas intégrés, leur particularité était justement ce qui avait contribué à attiser la haine à leur égard. Puis, explique-t-il, cette stricte observance des traditions fera place à une volonté d'assimilation, ce qui diminuera les manifestations évidentes de leur singularité. Pourtant, par un retour des choses peut-être dû à l'impatience de s'imposer, le problème s'est déplacé d'une seule différence de religion à une prétendue infériorité raciale. « La nation juive est entrée dans une des crises les plus graves de son histoire plusieurs fois millénaire. Rien ne serait plus dangereux que de nier à quel point cette explosion inattendue de haine nous trouble et nous bouleverse, jusqu'au plus profond de la vie de chacun[13] », souligne-t-il tout en se demandant ensuite quel sens cette épreuve de la souffrance peut avoir. Au moins, veut-il croire, ces blessures ne sont pas un ferment de la haine. Il insiste une fois de plus sur la nécessité du retrait, de la retenue, voire de la discrétion, pour éviter tout ce qui a fait que les Juifs ont été trop visibles et donc sujets à des déferlements haineux de toutes natures. Il termine sa conférence sur la nécessité pour chacun de trouver la force d'affronter l'adversité et de traverser ces tumultes. Ce texte qui manie une langue prudente, qui se refuse à décrire plus amplement la situation des Juifs face au nazisme et qui, enfin, n'a rien d'offensif, prêche pour la résistance intérieure. Son credo.

Après son retour en Europe, il écrit à Friderike : « Je serais heureux de pouvoir mener quelque part une petite vie anonyme et de descendre de ce char de combat qui roule sans relâche[14]. » Il a cinquante-cinq ans, cela fait trente-cinq ans qu'il écrit et il se sent las. Il semble perdu dans ses continuelles allées et venues entre l'Angleterre et l'Autriche. Il décide de partir, puis au dernier moment change d'idée, il s'engage sans vouloir ou pouvoir tenir ce qu'il a promis, bref, il se débat dans un grand désordre qu'il fait également subir à son entourage. C'est vis-à-vis de Friderike qu'il montre le plus de nervosité. Il la prie de ne donner son adresse à personne, car il est constamment assailli de demandes d'argent et ne peut plus fournir. Il s'irrite de ces situations dans lesquelles il se retrouve englué. De surcroît, les éditions de Reichner réalisées sans soin l'irritent et lui font regretter le temps béni de l'Insel. La publication de son *Castellion* a laissé passer des erreurs importantes ; puis, alors qu'il s'est mis d'accord sur une édition en deux volumes de ses œuvres complètes, Reichner décide au dernier moment — et sans l'avertir — de changer le titre et regroupe ses nouvelles sous deux livres, *Kaléidoscope* et *La Chaîne*. Zweig est ulcéré.

Au même moment, il est sollicité par le cinéma. Ce n'est pas nouveau, cela a déjà été le cas en 1934 avec la Metro Goldwyn pour *Marie-Antoinette*. Il n'a pas aimé cette expérience avec des gens qu'il trouve peu intéressants. Cette fois, il n'est pas uniquement question de travailler sur ses livres, mais de venir à bout d'un script sur *Manon Lescaut*. Le film ne sera jamais tourné. De toute façon, Zweig n'est pas enchanté de contribuer à cet art dont il n'est pas un admirateur absolu. En revanche, cette même année, une version française de *La Peur* sera tournée avec Gaby Morlay.

Friderike est sommée de brader, si besoin est, la maison qu'elle n'est pas encore arrivée à vendre. Enfin, en mai 1937, c'est chose faite. Les discussions n'ont pas été aisées entre eux deux, il affirme alors dans une lettre qu'il lui écrit immédiatement après à quel point il aurait préféré que tout puisse se passer autrement. Il se décrit comme étant devenu un misanthrope, quelque chose en lui ayant sombré… et lui demande de penser à lui comme son meilleur ami, quelqu'un qui restera, quoi qu'il advienne, proche d'elle. Le ton est tendre, désabusé et lucide. Il ne l'accuse plus, se blâmant lui-même de l'ensemble de leurs difficultés. Ils n'ont toutefois pas encore divorcé. Après la vente de la maison, leur correspondance reprendra sur un mode à nouveau plus chaleureux. Zweig, qui semble alors montrer tellement de regrets, retrouve pourtant Lotte qui l'attend là où il se rend. Il a l'air toujours hésitant entre les deux femmes, incapable de renoncer à l'une ou à l'autre. Cette fois encore, il va proposer à Friderike de le retrouver pour passer leur mois d'été traditionnel de vacances.

Pendant ce temps, Friderike s'installe près de Salzbourg et Zweig lui offre l'un des tout premiers fleurons de sa collection, le manuscrit du poème de Goethe « *Mailied* » qui, jusque-là, l'avait toujours accompagné. Veut-il ainsi lui signifier son souhait d'une réconciliation ou est-ce un beau cadeau d'adieu ? Ses lettres ensuite ne montrent que peu de soulagement, il parle de sa dépression et de la manière dont « symboliquement » tout rate pour lui.

Ses déplacements sont incessants, Prague, Marienbad, la Suisse, Paris et puis Vienne où il rend visite à sa mère. Quand il repart de la capitale autrichienne en novembre 1937, il ne cesse de se répéter « jamais plus » devant chaque endroit aimé ; à chaque pas il est hanté par la pensée d'un « c'est la dernière fois ». Il pressent l'imminence d'événements terribles qui seront dirigés contre son pays et comme Loth, le patriarche de la Bible, porte la douloureuse certitude que, derrière lui, tout sera détruit. Cette fois, Zweig n'est pas surpris devant l'ultimatum de Hitler qui veut imposer son chancelier en Autriche : c'est l'Anschluss et la fin de la souveraineté de son pays qui, désormais, appartient au Reich allemand. Les nazis triomphent et, comme le formule Zweig, le masque est tombé.

> Mais comme mon imagination, comme toute mon imagination humaine se révéla hésitante, étroite, pitoyable au regard de l'inhumanité qui se déchaîna ce 13 mars 1938, jour où l'Autriche, et avec elle toute l'Europe, fut livrée en proie à la violence nue [15] !

Humiliations, violences et cruautés se déchaînent plus que jamais. Zweig, dans ses mémoires, donne l'exemple dégradant survenu lors de la mort à Vienne de sa mère, âgée de quatre-vingt-quatre ans. Il est impossible, selon les nouvelles lois raciales, pour l'infirmière aryenne de continuer à la veiller pendant ses dernières heures, puisqu'un cousin est venu à son chevet, et qu'elle n'a pas le droit de se trouver sous le même toit qu'un Juif...

À Paris où Zweig est invité pour une conférence organisée par Julien Cain en avril 1940, il choisira pour thème « La Vienne d'hier » et évoquera la capitale en tant que creuset de la culture européenne qui était parvenu à rassembler différentes origines. La passion pour l'art, l'insouciance et la légèreté hissées au rang d'un mode de vie sont évoquées avec fougue. Au théâtre Marigny où se presse une foule importante, Zweig se refuse en revanche à dire quoi que ce soit sur l'état de la ville au présent, sans doute par peur d'évoquer trop précisément ce qui s'y passe.

Les conséquences de l'annexion pour Zweig sont nombreuses : ce qui lui restait en Autriche a été saisi par la Gestapo, il est devenu apatride, a perdu son éditeur forcé à son tour de quitter le pays et ne peut donc plus publier en langue allemande. Lui qui se voulait citoyen du monde comprend à quel point il est difficile désormais d'être sans attaches ni repères. Il est torturé à l'idée de devoir tout recommencer, mais presse au même moment Friderike de divorcer. Rolland va s'insurger en lui écrivant une lettre qui lui demande d'attendre un peu, car s'ils divorcent avant qu'il ne prenne la nationalité anglaise, cela privera Friderike de cette même possibilité. De son côté, cette dernière se trouve à Paris et ne peut plus rentrer en Autriche.

Le divorce est prononcé pour cruauté mentale aux torts de Zweig, ainsi qu'il en a été décidé entre eux deux. L'une des filles de Friderike, Alix, vient témoigner de la difficulté à vivre aux côtés de l'écrivain. Quant à la naturalisation, rien n'est simple pour personne, même pour Zweig qui doit remplir un certain nombre de conditions. Comme il s'est toujours beaucoup déplacé à l'étranger, la question est posée de savoir s'il est vraiment résident. Il devra attendre très longtemps, bien après que la guerre a éclaté, en mars 1940 seulement, pour devenir sujet britannique. L'étiquette du sans-patrie doublée en Angleterre de la catégorie « étranger ennemi » va donc lui coller à la peau plusieurs années et le maintenir dans un état d'inquiétude fébrile : il lui est impossible de se déplacer sans en référer aux autorités, ce qu'il trouve très humiliant. Alors qu'il s'est installé à Bath et qu'il veut se rendre à Londres pour rencontrer Freud, il est contraint d'en demander l'autorisation à la police !

Revoir quelque temps Freud avant sa disparition à Londres est une leçon pour Zweig. Son âge comme sa maladie l'ont rendu plus tolérant et plus chaleureux. Il permet grâce à son regard et à leurs conversations d'abolir le fracas de l'extérieur. Il est un sage et un modèle absolu. Comme toujours, Zweig le met en relation avec des intellectuels, comme Salvador Dalí qui fera une esquisse du maître viennois. Zweig sera frappé de la prémonition que le peintre espagnol a traduite dans les traits de son dessin : il a représenté un masque de mort. En pleine conscience et en paix avec lui-même, Freud choisira la voie du suicide « comme un héros romain ».

De décembre 1938 jusqu'en mars 1939, Zweig est pris dans une nouvelle tournée de conférences qui vont l'amener avec Lotte de New York jusqu'en Californie dans pas moins de trente villes différentes. À la fin, il se décide pourtant à rentrer en Europe. En ce qui concerne l'ensemble de l'année 1939, les témoignages des amis qui l'approchent le décrivent comme accablé en permanence. Il pense cette fois que rien ne pourra arrêter Hitler. Il participe à quelques manifestations, dont le *German Committee* de Thomas Mann, et offre toujours de généreuses contributions aux gens qui s'adressent à lui. Et pourtant il exaspère certains de ses amis par ses plaintes continuelles : car il est, pour sa part, hors d'atteinte, alors que d'autres ne parviennent même pas à quitter leur pays. Au mois de mai, Joseph Roth meurt à Paris. Ce sera Friderike, avec l'un de ses gendres, qui s'occupera de tout. Zweig ne se déplace pas.

Il publie alors chez Bermann-Fischer à Stockholm son tout premier roman *La Pitié dangereuse*. Il a choisi un anti-héros spécifiquement autrichien de la Cacanie engloutie, avec un caractère aimablement superficiel et un fond dépressif et lâche. Chez cet homme qui essaie simplement d'être bon et qui se laisse dépasser par ses sentiments, naissent de terribles malentendus qui lui seront fatals. La pitié qu'il ressent à l'égard d'une jeune handicapée devient pour elle une torture insupportable. Le roman paru en allemand à l'étranger est immédiatement traduit et connaît un très vif succès. Zweig retrouve un roman commencé dans les années 20 provisoirement intitulé *La Demoiselle des Postes*; il prendra plus tard, et de manière posthume, le titre de *Ivresse de la métamorphose*. Les deux personnages principaux, déformés par la guerre qui les a laminés, s'unissent dans un projet de cambriolage. Ce sont des figures négatives, mues par la nécessité violente de l'argent. Pour la première fois chez Zweig, la réalité sociale est présente au premier plan.

Avant que la guerre n'éclate, Zweig écrit dans son Journal qu'il veut être à nouveau optimiste. Pourtant ce même jour, les troupes allemandes pénètrent en Pologne. Le 3 septembre 1939, la France et le Royaume-Uni déclarent la guerre à l'Allemagne. Trois jours plus tard, le 6, Zweig épouse Lotte « sans cérémonie ». Il consigne laconiquement dans son Journal : « On déclare prendre L. A. comme épouse légitime. Voilà qui suffit pour une journée [16]. »

S'est-il marié uniquement afin de donner à Lotte la possibilité de changer de nationalité ? Ou est-il engagé plus amoureusement ? Il ne parle évidemment jamais de sa relation avec la jeune femme et aucun témoignage ne dit avec précision ce qu'il aurait pu confier sur elle. Devant notaire, il certifie néanmoins que Friderike a le droit de continuer à porter son nom. Le 11 septembre, il se lance dans l'achat d'une maison à Bath. Il a choisi ce lieu en raison de Fielding qui y a vécu, en outre « Rosemount », qui se niche aussi en hauteur comme sa demeure autrichienne, s'inscrit dans un paysage très harmonieux. Tout se passe comme s'il tentait de recréer des semblants d'ordre au milieu de la tempête et qu'ainsi, grâce à ces gestes matériels et rationnels, il se prouvait une continuité possible. Pourtant, toujours dans son Journal, il note la réapparition de sa dépression, due à un sentiment d'inutilité, car sa fonction d'écrivain de langue allemande a été anéantie. Comment continuer à travailler et, même, à vivre ? Attendre et ne plus rien espérer sont ses leitmotiv. La malédiction qui pèse sur les Juifs est à son comble, note-t-il alors qu'il travaille sur son autobiographie et qu'il retrace les années dorées de sa jeunesse en Europe. Il voit et sent la haine partout, doublement en tant que juif et germanophone. Son imagination lui dessine mille et un méandres de terreur. Que faut-il faire ? Partir encore, mais où et à quoi bon fuir sans relâche ? Il ne parvient même plus à penser, son Journal trahit ses errements intérieurs.

Après les avancées victorieuses de Hitler dans les autres pays, l'invasion de la France sonne comme un glas. « Des soldats de Hitler montent la garde devant l'Arc de Triomphe. La vie n'est plus digne d'être vécue. J'ai presque cinquante-neuf ans, et les années à venir vont être effroyables — à quoi bon se prêter encore à toutes ces humiliations [17] », écrit-il dans son Journal. Il pense déjà aux moyens de mourir — grâce à « une certaine fiole », ce qui lui apparaît au moins comme une issue convenable. Il se sent paralysé dans une Europe qui, peu à peu, se retrouve rayée de la carte. Tout ce à quoi il avait cru et travaillé est anéanti.

Il se décide finalement à partir, pour répondre à la proposition d'une tournée de conférences en Argentine. Mais cela ne se présente pas bien, il passe d'un consulat à une ambassade, sans trop d'espoir et en se heurtant à des problèmes administratifs insolubles, sans visa ni billet, l'un déterminant l'autre et vice versa. Enfin, grâce à l'intervention d'un ami, il obtient des réservations à bord d'un paquebot de la Cunard, le *Scythia* qui se rend de Liverpool à New York. Munis de billets de troisième classe, Lotte et Zweig pourront cependant bénéficier de la cabine du capitaine, enchanté de rencontrer l'écrivain. À ce moment, il ne sait pas ce que l'avenir lui réserve, ou plutôt il ne veut pas penser au pire. Toutes leurs affaires sont restées dans leur maison de Bath, ainsi que son manuscrit sur Balzac auquel il travaille depuis de nombreuses années. Il se retrouve dans la même situation que lorsqu'il avait quitté l'Autriche pour l'Angleterre : il répond à une nécessité de travail sans se fermer de possibilités de retour. Il écrit ainsi dans une lettre à l'écrivain Beer-Hofmann[18] :

> Est-ce que je pourrai revenir ? Y serai-je autorisé, le voudrai-je ? Mais je ne me pose plus la question, je me laisse entraîner, animé par la seule pensée de ne pas tomber dans les mains de ces canailles brunes — c'est la seule peur que j'aie encore dans ma vie, les autres ont disparu...

L'exil et la fin choisie

[...] un reflet de ma vie, avant qu'elle ne sombre dans les ténèbres[1].

« Quelqu'un a-t-il déjà composé un hymne à l'exil, cette puissance créatrice du destin qui élève l'homme dans sa chute et qui, sous la dure contrainte de la solitude, concentre à nouveau et d'une manière différente les forces ébranlées de l'âme ?... car celui-là seul connaît toute la vie qui connaît l'infortune. Seuls les revers donnent à l'homme sa pleine force d'attaque[2]. » C'est ainsi que Zweig évoque la mise à l'écart de Fouché qui, selon toute évidence, va pouvoir ensuite revenir aux affaires avec une efficacité accrue. Pourtant, ce credo proclamé en la difficulté qui permet à l'homme de puiser des réserves inconnues en lui et le fait remonter d'autant plus haut ne s'est à aucun moment appliqué à lui-même. Zweig a très mal supporté son exil, même si d'autres ont pu mettre en avant la chance de survie et l'horizon ouvert qu'il avait devant lui. Ce n'est pas ainsi qu'il percevait les choses. Dans son Journal en 1939,

Zweig comparait sa situation présente en Angleterre avec celle qu'il avait vécue pendant la Première Guerre mondiale alors qu'il se trouvait en Suisse. Au moins pouvait-il là-bas encore se servir de sa langue maternelle. Cette fois, il ne connaît pas assez bien l'anglais pour l'écrire et donner à ses textes toutes les finesses qu'il souhaite. S'il sait qu'il doit se diriger vers quelque chose de nouveau, rien ne se dessine très nettement, car le cœur même de son expression est exclu. Il explique dans ses mémoires :

> D'un trait de plume on avait transformé le sens de toute une vie en non-sens ; j'écrivais, je pensais toujours en langue allemande, mais chaque pensée, chaque vœu que je formais appartenaient aux pays qui étaient sous les armes pour la liberté du monde. Tout autre lien, tout ce qui était passé et révolu, était déchiré et brisé, et je savais que tout, après cette guerre, serait un recommencement[3].

Lui, qui s'était défini par le goût d'une vie nomade dont les déplacements incessants le faisaient graviter autour du même axe, découvre qu'il ne peut plus aussi bien « fonctionner » sans cet habitacle sécuritaire auquel il n'avait jamais prêté beaucoup d'attention : son pays, c'est la langue qu'on lui a enlevée. La nouvelle identité officielle que lui donne son passeport anglais ne concorde pas avec son être intime. Elias Canetti a précisément décrit l'affaiblissement progressif du poète en exil, coincé dans ce qui va constituer le même creuset linguistique, sans espoir de le vivifier puisque l'immense marée de mots, dont il se sert ordinairement, finit par se dessécher lorsqu'elle n'est pas renouvelée. Zweig revient sans cesse sur l'exclusion violente de sa fonction et donc fatalement de son existence; il se sent hors la loi avec ses livres que plus personne ne peut plus lire dans leur langue originale. Tout comme il a la sensation lassante d'avoir troqué son métier d'écrivain contre celui d'éternel quémandeur et « d'expert en visas ».

Une fois arrivés à New York, Lotte et Zweig descendent à l'hôtel où ils resteront un mois. Zweig se remet au travail et passe beaucoup de temps en démarches pour les réfugiés qui font appel à lui, ainsi que pour Friderike restée en France. À Croissy où elle s'est installée, Friderike organise un certain nombre de départs pour des réfugiés, se retrouvant elle-même en dernier lieu dans une situation dangereuse à l'entrée des troupes allemandes dans Paris. Elle réussit à s'enfuir et, après un périple plus que chaotique, apprend qu'elle figure sur la liste d'un comité créé par Hermann Kesten et Erika Mann pour aider les réfugiés à entrer en Amérique. Elle parvient à s'embarquer avec ses filles sur un paquebot grec grâce à l'intervention de Zweig qui s'est activé pour lui faire obtenir des visas de transit. Elle part en compagnie de Golo et de Heinrich Mann, d'Alfred Polgar ainsi que du couple Werfel. Entre-temps, impatient de retrouver un calme nécessaire à sa création littéraire, Zweig quitte la ville en compagnie de Lotte pour le Brésil où il est reçu à sa demande, avec toutefois plus de discrétion que lors de son précédent voyage. Résidant à l'hôtel, il a à nouveau le loisir de se consacrer à son autobiographie et à son essai sur le Brésil. Il va passer une semaine à Teresópolis dans une pension tchécoslovaque où il est gavé de bonne cuisine. Il continue ensuite en Argentine où il donne des conférences en espagnol ; chaque fois les salles d'au moins mille cinq cents personnes sont combles, des chaises sont retirées afin de faire plus de place aux gens debout. Toutefois, il trouve que de parler en espagnol est très fatigant. Il continue d'offrir ses cachets à des associations d'aide, ce qui commence à lui créer de sérieux problèmes de trésorerie car il n'a plus les mêmes revenus qu'auparavant. Refusant les distinctions qu'on veut lui décerner, il réclame à leur place des visas pour des gens qui se sont adressés à lui et qui veulent fuir le nazisme. Lotte, enchantée de l'accueil qui est réservé à son mari, a pourtant du mal à le suivre partout, elle trouve le rythme épuisant et le laissera repartir seul dans son périple. En quinze jours, il ne fait pas moins de dix communications en allemand, en anglais, en français et en espagnol...

Il raconte dans une lettre à Friderike qu'il devrait se réjouir de tant d'attention — des gens viennent lui parler les larmes aux yeux, des caravanes entières de voitures se déplacent pour l'entendre, les hôtels refusent d'être réglés pour son séjour, les coiffeurs même ne veulent pas être payés... —, tout cela est touchant, mais voici qu'un de ses amis, l'écrivain et l'ambassadeur cubain Hernandez Cata, meurt dans un accident d'avion. Cela ajouté au récent suicide de l'écrivain Ernst Weiss que Zweig soutenait et aimait énormément le font replonger dans la dépression. Comme l'avancée irrépressible de Hitler, le destin déploie devant ses yeux une grille négative. Il sait à ce moment qu'il ne reviendra sans doute plus jamais en Europe et comprend ce que cela signifie : le pire étant à première vue la perte d'un manuscrit de six cents pages avec, précise-t-il, deux mille pages de notes et quarante livres annotés. C'est son fameux *Balzac* auquel il a accordé tant de soin et qu'il n'a pu achever qu'aux trois quarts malgré un travail acharné. Il ne se voit pas tout recommencer, d'autant qu'il sait le mal qu'il aura à réunir la documentation nécessaire. Il a également appris que Bristol était bombardée et se dit que sa maison, non loin de là, n'a pas dû résister aux assauts. « On a au moins mis sa carcasse à l'abri[4] », résume-t-il sans vraiment savoir s'il doit s'en féliciter.

Son anniversaire approche. Le 28 novembre 1940, il fête la dernière année de sa cinquantaine et remarque avec un certain agacement que la demoiselle, qui s'occupe de ses papiers d'identité à la police, a noté dans la case signalement : « cheveux gris ». Il confie à Friderike qu'il a peur de retourner à New York où se sont regroupés tant d'exilés. Tous ces gens à voir et à gérer l'épuisent par avance. Entre-temps, il sillonne le Brésil dans l'intention de rédiger un nouveau livre sur le pays. Le gouvernement, heureux et fier de l'intérêt du grand écrivain, organise ses déplacements et aplanit toutes les difficultés éventuelles. Son livre s'intitulera *Brésil, terre d'avenir* et sera construit en deux parties : la première sur l'histoire, l'économie et la culture ; la deuxième sur le pays lui-même. S'il idéalise largement ce qu'il voit, sans d'autres nuances que le plaisir qu'il veut partager, il déroule une infatigable curiosité sur les sites parcourus et les villes visitées, ponctuée de « ô miracle », « ô merveille » enthousiastes. Il voit dans ce « pays qui regorge de beauté et de générosité[5] » un lieu possible, empli d'espoir. Cependant, son travail ne récoltera pas au Brésil le succès habituel, car il en offre une vision passéiste. Les Brésiliens s'attendaient à ce qu'il loue leurs prouesses techniques et qu'il ne reste pas sur le seul rivage du pittoresque...

Enfin, après toutes ces allées et venues, Lotte et Zweig prennent l'avion au nord du Brésil pour se diriger vers Miami ; il existe deux vols quotidiens vers cette destination. À leur arrivée, ils vont apprendre que l'autre avion du jour n'arrivera pas, car il s'est écrasé. Un autre signe du destin qui frappe toujours plus près ? Fin janvier 1941, le couple arrive donc à New York une semaine plus tôt que prévu initialement. Zweig, qui passe au consulat britannique se faire enregistrer, tombe sur Friderike venue quant à elle chercher un document relatif à ses bagages. Tous les deux sont saisis par cette invraisemblable coïncidence qui les remet ainsi sur le même chemin et qui, depuis leur toute première rencontre, a constitué un mouvement propre à leur existence. Pourtant, la donne n'est plus la même entre les deux anciens partenaires,

Zweig s'est renfermé sur lui-même, tandis que Friderike ne cesse de s'engager pour les réfugiés et s'active au sein de l'*Emergency Rescue Committee* en compagnie d'Erika Mann et d'Hermann Kesten. Lotte et Zweig se sont réinstallés à l'hôtel Wyndham, où l'écrivain compte finir son livre sur le Brésil. Mais cela ne lui convient pas, il décide finalement de plier bagage et d'aller à New Haven, dans le Connecticut, près de la grande bibliothèque de l'université Yale. La situation quelque peu éloignée de New Haven lui permet, ainsi qu'il le souhaite, de se recentrer sur son travail sans être constamment dérangé. Autour de lui gravitent quelques figures amicales, dont Thornton Wilder et Schalom Asch. Jules Romains, accompagné de sa femme, vient également lui rendre visite. Mais Zweig sort peu et son humeur est chancelante. Comme toujours, sa curiosité se cristallise sur un destin particulier, cette fois il s'agit de l'homme qui a donné son nom à l'Amérique, un certain Amerigo Vespucci. Ce dernier est passé pendant longtemps pour un escroc qui aurait volé à Colomb la gloire de sa découverte. Zweig veut le réhabiliter en montrant dans quelle suite de malentendus terribles, ce « marin inconnu » s'est retrouvé. Lotte, qui dactylographie tout son livre, est affaiblie par son asthme et plusieurs épisodes grippaux ; Zweig demande alors l'aide d'Alix qui vient seconder la jeune femme malade. L'écrivain confiera à Jules Romains qu'il pensait en épousant cette dernière que son jeune âge serait une « provision de gaieté » suffisante, mais la vie en a décidé autrement, c'est désormais à lui de s'occuper de la jeune malade...

Fin juin 1941, le couple loue une maison à Ossining dans l'État de New York. Le choix du lieu peut paraître curieux — la prison de Sing-Sing se trouve dans les parages — mais Friderike n'habite pas très loin. Zweig, qui veut avancer sur ses mémoires, la consulte pour de nombreux détails. On peut aisément imaginer les rapports entre tous les protagonistes de la seule histoire qu'il n'écrira jamais : deux épouses en face à face avec un homme qui, d'un côté, n'a pas rompu ses amarres et, de l'autre, a accordé suffisamment d'importance à son couple pour aller jusqu'au mariage. Friderike semble montrer beaucoup de compréhension et de gentillesse envers Lotte qu'elle sent fragile. Alix une fois de plus prête main-forte à Lotte pour la dactylographie. Tout ce petit monde s'affaire autour du travail du maître.

Une partie des lettres échangées entre Friderike et Zweig touche aux problèmes de leurs amis ou connaissances qu'ils s'emploient à aider, comme Masereel resté en France. Pressé par Friderike, Zweig accepte de donner une allocution lors d'un dîner organisé par l'*Emergency Rescue Committee*. Il précise à cette dernière qu'il ne veut pas « dire un mot qui puisse être interprété comme un encouragement à l'entrée en guerre de l'Amérique, pas un mot qui proclame la victoire, rien qui justifie ou célèbre la guerre[6] ». Malgré sa réticence au projet d'ensemble — car il s'agit évidemment aussi de récolter des fonds, ce que Zweig désigne comme une mendicité quelque peu indigne —, le succès et... l'argent sont au rendez-vous. Afin d'améliorer l'action du Pen Club qui ne paraît pas aussi efficace qu'il le devrait envers ses écrivains réfugiés, Jules Romains propose de créer une nouvelle structure qui serait un Pen Club européen à New York. Zweig accepte de tenir à cette occasion un autre discours devant mille personnes. Il s'agit d'un message de solidarité au nom des écrivains allemands en exil qu'il a intitulé *En ces heures sombres*. Il parle du refus de la tyrannie et du devoir imposé aux écrivains réfugiés dans un pays libre de s'exprimer et ainsi de rester fidèles à ceux qu'ils sont et à leur culture d'origine. Sur la langue elle-même cette fois il est plus pugnace, il affirme avec force : « C'est la seule arme qui nous est restée, pour continuer à combattre l'absence d'esprit criminelle qui détruit notre monde et traîne la dignité de l'humanité dans la boue[7]. » À lire ces lignes, on sent une incroyable ardeur, un courage et une foi irréductibles dans l'esprit qui soulèvent évidemment son auditoire, et qui pourtant, chez lui, se heurtent au même sempiternel désespoir.

Il avance toujours sur ses mémoires qu'il ne peut se décider à ancrer dans son intimité. Il n'est manifestement pas à l'aise pour parler de lui-même : il en récuse le principe au tout début de sa préface où il dit ne pas accorder tant d'importance à sa personne et vouloir mettre en avant des choses personnelles. Comme le soulignait Friderike dans une lettre, il était probablement déjà impossible de l'approcher de trop près, car il donnait si peu à voir, à la manière d'un iceberg immergé.

Le propos de Zweig est donc de raconter sa génération au sein des grandes turbulences de son époque. Derrière son rôle de témoin, il veut rendre compte des errements qui ont conduit à un tel chaos. Au moins, remarque-t-il, sa condition d'apatride lui permet une certaine liberté de propos, il n'a personne à ménager, étant isolé par ailleurs de ce qui a constitué son monde. Comme toujours chez Zweig, la volonté de transformer les écueils en donnée positive se fait entendre, alors qu'en vérité, il ne parvient pas à se débarrasser de ses pensées obsédantes. Dans ce choix de forme qui insiste sur un destin commun plutôt que sur une seule vie individuelle, il peut se glisser à nouveau dans le rôle extérieur et sans doute confortable de celui qui raconte, comme s'il n'était pas directement impliqué. S'il établit un catalogue des célébrités qu'il a rencontrées, il ne raconte que très peu de choses sur son entourage proche, ni Friderike, ni Lotte (il mentionne juste un second mariage), ni ses meilleurs amis comme Victor Fleischer par exemple ne sont évoqués. Ce n'est évidemment pas l'exactitude historique qu'il vise — pour cela il lui manque des sources là où il se trouve —, mais plutôt une forme d'évocation sensible. Zweig s'est toujours passionné pour l'Histoire — ce qu'attestent ses différentes biographies de personnages célèbres — car au-delà du seul tissu d'événements, il y discerne une dimension presque poétique. C'est dans cet esprit qu'il a travaillé pour son livre

Les Heures étoilées de l'humanité paru en 1939 (le titre en français a été transformé ensuite en *Les Très Riches Heures de l'humanité*). Il disait là aussi dans son introduction à quel point l'Histoire pouvait être également « la plus grande poétesse et la plus grande actrice de tous les temps[8] »... Dans ses sujets choisis, que ce soit pour la prise de Byzance, la composition de l'hymne français ou la pose de la première ligne téléphonique sous l'Atlantique..., Zweig s'attache à montrer comment, d'une manière souvent inattendue, le destin compose sa propre partition. Ce sont ces instants où tout bascule qui l'ont évidemment arrêté et intéressé. Se poser alors la question de l'histoire de sa propre vie passe donc aussi par la reconnaissance de signaux particuliers, ce qui lui fait tendre dans le flot des péripéties des fils métonymiques.

En 1926, dans une lettre à Freud où il le remerciait pour le « courage » qu'il avait donné à leur génération, il lui révélait également sa passion pour la psychologie qu'il souhaitait tant, un jour, comme il le formulait alors, pouvoir s'appliquer à lui-même, notamment dans la rédaction d'une autobiographie. Il donnait ensuite l'exemple de Tolstoï qui, malgré sa volonté d'être sincère, semblait ne pas vouloir ni pouvoir regarder *sa* vérité en face. Que fera-t-il d'autre lui-même ? Pas un instant Zweig ne se laisse aller à dévoiler quoi que ce soit : ses prétendues confessions ne révèlent jamais aucun pan de sa vie privée.

Comme toujours, la lecture du *Monde d'hier* est passionnante, aussi parce qu'elle est conçue comme un récit collectif et non personnel. Zweig fait preuve de sa maestria habituelle. Sous sa plume, un monde englouti brille encore de tous ses feux : qu'ils soient plus incandescents qu'il ait bien voulu le dire n'enlève rien à la force de son texte. Indirectement, il pose des questions. Il dénonce ainsi l'hypocrisie du temps de sa jeunesse où le corps si bridé et dénié n'avait pas la chance d'aller vers un épanouissement quelconque. Son livre se termine sans l'ombre d'un espoir, dans un fatalisme terriblement désespéré. Comment lui en tenir rigueur ? D'ailleurs, il ne saura jamais quel accueil sera fait à son livre, car il sera publié après sa mort.

Peut-être faut-il entendre son texte comme une vibrante interrogation sur le devenir d'un peuple dont la caractéristique passait par une certaine volonté culturelle ? Dans un texte sur Albert Schweitzer, il se demandait déjà pourquoi l'humanité si riche de grandes œuvres et de tant de beauté ne pouvait pas apprendre « à maîtriser le secret le plus simple : maintenir vivant l'esprit d'entente entre les hommes de tous horizons qui ont en commun d'aussi impérissables richesses[9] ». Lui-même répond par le plus grand accablement.

Après six mois passés aux alentours de New York, Zweig a décidé de repartir en août 1941 pour le Brésil. Le climat et l'ouverture du pays l'attirent, mais ce qui lui paraît aussi salutaire, c'est la possibilité de s'éloigner du tumulte. Avant son départ, il manifeste de l'émotion et, d'après Friderike, se montre un moment indécis avant de lui déclarer gravement que c'est sans doute la dernière fois qu'ils se voient. Il insiste également pour donner à un ami sa Remington, sa machine à écrire portable qui l'a suivi jusque-là partout, prétextant ne pas vouloir alourdir ses bagages.

Il écrit ensuite à Friderike qu'il a pris la décision de louer à Petrópolis une maison et qu'il espère que « cette ombre de sédentarité sera bénéfique [10] ». Le fait de vivre éternellement à l'hôtel, comme ils le font depuis plus d'un an, de devoir sans cesse faire et défaire ses valises finit par peser. Petrópolis lui apparaît aussi comme une vignette de l'Autriche, de Bad Ischl à laquelle il l'avait déjà comparée. Cela lui semble un « paradis », il peut y être un peu plus contemplatif, en prise directe avec une nature abondante et généreuse. Les couleurs tout autour sont vives et chatoyantes, comme si le temps retrouvait ici un souffle d'éternité. Si la maison est assez petite avec juste quelques pièces, elle est ouverte sur une grande terrasse abritée avec une très belle vue. Dans la rúa Gonçalves Dias 34, Lotte et Zweig s'installent donc au frais ; ils ont échappé à la canicule new-yorkaise. Ne lui manquent que les bibliothèques américaines qui ont composé son ordinaire. Et puis, il y a le calme, la mise à distance du fracas européen. Zweig retrouve son énergie habituelle, en se mettant à écrire une nouvelle sur un jeu qui a commencé à le séduire : les échecs ; il s'exerce, refaisant avec Lotte les parties de maître d'après un ouvrage qu'il s'est procuré. *Le Joueur d'échecs,* qui sera publié de façon posthume par son éditeur en Suède, raconte sous forme de l'habituel récit enchâssé la confrontation entre un champion d'échecs et un exilé autrichien possédé par ce même jeu qui lui a servi de refuge intellectuel alors qu'il était détenu par la Gestapo. Complètement isolé, ce dernier devra sa survie mentale à un petit livre de parties d'échecs sur lequel il peut au moins concentrer sa pensée. C'est aussi une comparaison entre deux mystérieux esprits, l'un quelque peu borné mais brillant dans son jeu, et l'autre qui a vécu une épreuve terrible et s'en est sorti, mais qui reste toujours excessivement fragile. Les thèmes de la passion monomaniaque et du secret sont à nouveau déroulés, tout comme les procédés d'approche psychologique savamment mis en place. Ce récit haletant propose une des rares mises en situation de son époque. Il est fait clairement allusion aux méthodes de torture du national-socialisme. Le héros n'est pas envoyé dans un camp de concentration, mais il est emprisonné dans une chambre nue où il ne voit jamais personne. Dans ce néant, ce vide absolu, son esprit commence à divaguer. Il finira grâce à ce petit livre volé à mener des parties d'échecs contre lui-même et à glisser dans la folie.

Le dernier témoignage sur Zweig avant son suicide fait état d'une partie d'échecs avec un ami. L'a-t-il perdue ou gagnée ? Était-il absorbé ou fiévreux comme son héros ? Est-ce que le jeu entrait dans une sorte de mise en scène comme pour Madame de Prie dans *Histoire d'une déchéance* ? L'ex-favorite dédaignée par le roi n'avait pas supporté sa mise à l'écart et sa solitude, elle avait donc annoncé à tous son suicide prochain. Zweig qui décrit les échecs comme « une pensée qui ne mène à rien, une mathématique qui n'établit rien, un art qui ne laisse pas d'œuvre, une architecture sans matière[11] », a-t-il encore soupesé sa décision, attendant un signe quelconque ?

À Petrópolis, Zweig est donc enfin seul. Il dit à Friderike avoir retrouvé une sorte d'équilibre grâce au calme. Peu de visites, peu d'échanges, mais aussi quasiment pas de stimulation intellectuelle sauf avec les quelques lectures de classiques, comme Goethe, Homère et Shakespeare qu'il relit. Tout paraît très loin... Comment envisager l'avenir, vers quel projet se tourner ? Son soixantième anniversaire approche, comme toujours, il a la hantise de cette « sombre journée ». Il craint les manifestations de toutes sortes comme des visites intempestives et a même prévu de s'absenter. Il reçoit divers télégrammes et de Jules Romains un livre d'hommages relié en cuir : « Stefan Zweig, grand Européen ». D'autres livres complètent ses cadeaux, comme les œuvres de Montaigne, que lui envoie Friderike, et de Balzac que Lotte a trouvées chez un bouquiniste. Son éditeur, Koogan, a eu l'idée quant à lui de lui offrir un petit chien, un foxterrier nommé Plucky. De son côté, Zweig répond par un poème, « Les remerciements du sexagénaire », qui vogue sur la tonalité assez douce du renoncement :

[...]
Le sentiment de la nuit proche
N'accable pas — non il allège !
Seul peut goûter la joie de contempler le monde
Celui qui plus rien ne désire,

Qui ne demande plus où il est arrivé,
Ne pleure plus ce qu'il perdit
Et pour qui vieillir n'est que les prémices
De son départ[12]...

Tout, dans ses lettres et dans les témoignages de ses amis, penche vers un versant de détresse absolue. Il ne peut oublier ce qui se passe là-bas en Europe, ce n'est que le début de la guerre, il se doute que cela peut durer longtemps encore. Des informations sur le génocide contre les Juifs commencent à circuler, avec leurs insupportables visions d'horreur. La haine, la traque, la terreur, la destruction ne laissent pas Zweig en paix ; s'il décline l'offre qui lui est faite de lire le jour de Yom Kippour, il accepte de parler pour les Juifs victimes de la guerre. Il se dit « en deuil » de l'Europe et refuse toute invitation. La nouvelle de Pearl Harbor tonne dans un ciel déjà très assombri. Il n'a aucun espoir.

C'est dans Montaigne qu'il puise un peu de réconfort. En outre, c'est un autre de ces hasards qui lui tend la main. En arrivant dans la maison, il a trouvé un exemplaire des *Essais*, il se dit alors que cela pourrait être un bon sujet et commence à échafauder un livre sur cet « autre Érasme ». De plus, il apprend que Fortunat Strowski, spécialiste de Montaigne entre autres, se trouve à Rio. Ce dernier lui prête très volontiers un certain nombre d'ouvrages et voici Zweig prêt à écrire sur « l'homme libre — le précurseur d'un combat pour la liberté intérieure dans un temps comme le nôtre, qui souffre du même désespoir que nous, car il veut rester équitable et prudent au nom d'un sens fanatique de la liberté[13]... », comme il le commente dans une lettre à Berthold Viertel. Il lui dit un peu plus loin d'ailleurs que s'il s'attache à se lancer dans cette entreprise, c'est qu'il ne croit plus en rien, il agit désormais sans conviction afin de ne pas se laisser complètement aller. Montaigne est une parenté évidente, Zweig s'arrête longuement sur différents aspects, notamment sur la force de caractère de cet être qui se tient debout au milieu des épreuves et de la tyrannie. Il s'efforce de se comprendre et de s'accepter, ce que tente également de faire l'héroïne du nouveau roman que Zweig vient de commencer, *Clarissa*. À sa disparition, ce travail sera retrouvé, soigneusement étiqueté sous le titre : « Roman ébauché en première version — le monde vu à travers la vie d'une femme entre 1902 et le début de la guerre », et suivi des précisions suivantes : « N'ai esquissé que la première partie, le début de la tragédie ; l'ai interrompue pour travailler sur Montaigne, perturbé par les événements et les contraintes de mon existence. Stefan Zweig, novembre 41 à février 42. »

Clarissa comme Montaigne sont en proie à leurs recherches intérieures, plongés dans un monde brutal, comme Zweig lui-même qui, à cette différence près, ne parvient plus à se saisir. Clarissa travaille pour un médecin psychiatre, le professeur Silberstein qui, alors qu'il s'occupe des autres, se pose sur lui-même également un certain nombre de questions. « En fait, je suis la nervosité faite homme. C'est mon ascendance juive… À l'instant où je me retrouve seul avec moi-même, je deviens inquiet, un fardeau pèse alors sur moi qui me fait sortir de mes gongs[14] », lui avoue-t-il un jour en reconnaissant qu'il parvient uniquement à ne pas sombrer grâce à une occupation intense. Selon lui, la peur cède devant l'activité permanente. Il se présente comme un anti-Freud qui se moque de l'origine de la névrose et ne veut proposer comme thérapie que la seule illusion.

Dans ces deux derniers mois de la vie de Zweig, personne ne s'est douté de ses intentions. Rien n'a filtré ni dans les lettres qu'il écrivait, ni dans les conversations qu'il menait. Il semblerait qu'il ait tout d'abord craint une aggravation de sa situation au Brésil, le pays ayant rompu avec les pays de l'Axe et pouvant à son tour entrer en guerre. Il avait également été la cible de lettres anonymes. Quoi qu'il en soit, en cette mi-février 1942, le couple Zweig accepte une invitation à se rendre au carnaval de Rio. Ils partent le 16 en voiture avec un ami, Ernst Feder, avec lequel Zweig parle avec entrain d'un projet proposé par le Reader's Digest. Une fois sur place, ils se mêlent à la foule bigarrée et passent leur journée dans le sillage des manifestations joyeuses. Le lendemain, Zweig aperçoit les gros titres des journaux sur la capitulation de Singapour survenue deux jours plus tôt. Très affecté, il décide alors avec Lotte de rentrer immédiatement à Petrópolis et de laisser là leurs amis et la fête qui bat son plein. À Friderike, il écrit le lendemain, le 18, qu'il revient du Carnaval très réussi mais qu'il n'est pas parvenu à se laisser aller à l'allégresse générale. Les vœux qu'il forme pour elle et ses enfants paraissent déjà relever d'un futur dont il ne fera plus partie. À Jules Romains, il confesse qu'il n'a plus d'énergie : « Moi je fléchis devant chaque coup de vent, et ma seule force de me maintenir était de me replier en moi-même. Un arbre sans racine est chose bien chancelante, mon ami[15]... »

Puis il fait parvenir à son éditeur, Koogan, un paquet dans lequel il a mis des manuscrits et des dessins, ainsi qu'une lettre qui contient les instructions à suivre après sa mort. Son attitude n'éveille rien de spécial chez Koogan qui croit juste conserver en lieu sûr des documents importants. Le jour J, le samedi 21 février, le couple a invité les Feder à dîner. Lotte a fait les courses, la soirée ne se déroule pas sous les meilleurs auspices, car Zweig paraît très abattu. Il dit avoir peu dormi et beaucoup lu. Il évoque également son travail biographique sur Balzac en notant que tous ceux qui s'y sont essayés n'ont jamais réussi à finir et indique que, pour lui aussi, « c'est terminé ». Feder est surpris que Zweig lui rende un certain nombre de livres dont il n'a pas fini la lecture (les pages ne sont pas toutes coupées). Sur l'offre de son invité, il accepte de faire une partie d'échecs avec lui, puis ils se séparent tous vers minuit. On ne sait pas ce que se sont dit les deux épouses.

La suite tient dans le nombre de lettres soigneusement écrites, l'une à la propriétaire à qui Zweig dit qu'ils ne renouvelleront pas le bail, au bibliothécaire à qui il veut donner ses ouvrages, à son éditeur... Encore une au frère de Lotte où il explique à quel point la santé de sa sœur est chancelante. À Friderike également il envoie un ultime courrier : il lui explique qu'il souffre beaucoup, qu'à Petrópolis il n'a pas les livres qu'il lui faut et que la solitude est difficile. Que la guerre est loin d'être finie et que son *Balzac*, qui est si important pour lui, ne pourra être terminé, et enfin que la santé de Lotte est loin d'être bonne : « Je suis certain que tu verras des temps meilleurs, et tu me donneras raison de n'avoir pu attendre plus longtemps avec ma "bile noire". Je t'écris ces lignes dans les dernières heures, tu ne peux t'imaginer comme je me sens heureux depuis que j'ai pris cette décision [16]. » Il a mis de l'ordre dans ses papiers et ses affaires.

Le lundi 23 février, les domestiques attendent vainement un signe de la chambre de leurs patrons. Ils pensent qu'ils dorment encore et ne les dérangent pas. Quand, plus tard dans l'après-midi, ils ne répondent toujours pas, l'homme qui travaille pour eux se rend compte que leur porte est fermée à clé. Il monte sur le toit et, en déplaçant quelques tuiles, voit les deux corps allongés l'un contre l'autre.

Dans le bureau, Zweig a laissé une déclaration où il remercie le pays qui l'a accueilli. Il explique qu'il n'a pas réussi à tout recommencer et qu'il était usé par l'errance.

> Aussi je juge préférable de mettre fin, à temps et la tête haute, à une vie pour laquelle le travail intellectuel a toujours représenté la joie la plus pure et la liberté individuelle le bien suprême sur cette terre. Je salue tous mes amis ! Puissent-ils voir encore les lueurs de l'aube après la longue nuit ! Moi, je suis trop impatient, je les précède [17].

Une semaine après la date fatidique arrive un volumineux paquet : il contient le manuscrit de Balzac que Zweig attendait tant...
Malgré la volonté de Zweig, les funérailles seront nationales, quatre mille personnes se presseront à Petrópolis. Au cimetière, ils seront enterrés non loin de l'empereur Pierre II.

Après le premier choc, les réactions ne se font pas attendre. Là, comme toujours dans sa vie, Zweig va encore être critiqué pour son geste. Certains écrivains voient une décision égoïste qui ne peut que semer le doute dans des esprits éprouvés par la guerre. Ou encore un défaitisme tel qu'il ne peut signifier que la victoire de l'autre camp ! Même mort, Zweig se heurte encore aux autres, ceux-là même qui n'ont pas voulu voir le désespoir profond d'un homme dont l'édifice patiemment élevé s'est effondré d'un coup. Autrichien, Juif, écrivain, pacifiste, humaniste, tout cela ne voulait brutalement plus rien dire pour lui, ses récits devenaient obsolètes, ses visions caduques. Il ne lui restait plus que les fantômes d'une époque qui s'était dissoute. Il comparait les gens comme la baronne von Suttner qui défendait les valeurs pacifistes à un Don Quichotte se battant contre des moulins, au cœur d'une tragédie trop grande pour lui. En 1935, il écrivait déjà à Richard Strauss :

> Un homme seul ne peut pas lutter contre la volonté ou la folie d'un monde, il faut déjà bien assez de force pour se tenir ferme et droit, et se défendre de toute amertume et de toute haine ouverte. Cela, déjà, est devenu aujourd'hui une sorte d'exploit plus difficile que d'écrire des livres [18].

Après tant de bruit et de fureur, son œuvre s'impose à nouveau, dans une lumière un peu sombre, mais dont la légèreté grave sait toujours, avec précision, gagner les cœurs.

ANNEXES

REPÈRES CHRONOLOGIQUES

1881. Naissance à Vienne de Stefan Zweig le 28 novembre. Il est le deuxième fils de Moritz et Ida Zweig, née Brettauer.
1887-1891. École élémentaire à Vienne.
1892. Études secondaires au Maximilian Gymnasium à Vienne.
1896. Premiers poèmes publiés.
1898. Publication dans de nombreuses revues.
1900. Baccalauréat.
1901. Publication du recueil de poésies *Cordes d'argent* et de la nouvelle *Dans la neige*. Il va à Berlin pour quelques semaines.
1902. Un texte est accepté par Herzl dans la *Neue Freie Presse*. Quitte Vienne pour Berlin pendant un semestre. Voyage en Belgique et rencontre Verhaeren. Un mois d'été à Paris. Traduction avec C. Hoffmann de poèmes de Baudelaire.
1903. Paris, île de Bréhat. Séjour en Italie. Il traduit de nombreux ouvrages. Livre sur E. M. Lilien.
1904. Premier recueil de nouvelles : *L'Amour d'Erika Ewald*. Passe son doctorat à l'université de Vienne sur « La Philosophie d'H. Taine ».
Premier séjour chez Verhaeren. Six mois à Paris.
1905. Voyage en Espagne, puis en Afrique du Nord. Enfin en Italie, à Florence notamment. Monographie sur Verlaine.
1906. Séjour à Londres. Publie *Les Couronnes précoces*.
1907. Début des relations avec Schnitzler. Écrit *Thersite*.
1908/1909. Début des relations avec Freud, voyage en Extrême-Orient.

1910. Début de la correspondance avec Rolland. Publie sa monographie sur Verhaeren.
1911. Rencontre Rolland. Part en Amérique. Recueil de nouvelles : *Première expérience*, et pièce de théâtre : *La Maison au bord de la mer*.
1912. Début de la relation avec Friderike von Winternitz. Zweig arrange un voyage de conférences pour Verhaeren et l'accompagne à Berlin, Hambourg, Vienne et Munich.
1913. Paris et liaison avec Marcelle. La pièce *Le Comédien métamorphosé*. La nouvelle *Brûlant Secret*.
1914. Paris, Marcelle et Friderike. Été à Ostende, puis retour en Autriche où il est volontaire. *Lettre ouverte à mes amis*. Affecté au service des Archives de guerre.
1915. Mission en Galicie. Commence à écrire son *Jérémie*.
1916. S'installe avec Friderike près de Rodaun. *La Tour de Babel* ; *La Légende de la troisième colombe*.
1917. Achat du Kapuzinerberg sur les hauteurs de Salzbourg. Finit *Jérémie*. Part en Suisse. Relations avec Baudouin, Arcos, Masereel, Guilbeaux. Rend visite à Rolland. Voit Joyce, H. Hesse, Annette Kolb.
1918. Première de *Jérémie* à Zurich. Travaille sur la biographie de Rolland et à la traduction de ses œuvres.
1919. Retour en Autriche et installation au Kapuzinerberg. Voyage en Allemagne. Projet de la *Bibliotheca Mundi* avec l'éditeur de l'Insel.
1920. Mariage avec Friderike. Biographie de Rolland. Publie *Trois Maîtres* (Balzac, Dickens, Dostoïevski).
1921. Voyage en Italie.
1922. Séjour à Paris. Publie *Nouvelles d'une passion*, dont *Amok* et *Virata*.
1923. Paris. Publie *Le Combat avec le démon* (Hölderlin, Kleist et Nietzsche). Monographie sur Masereel.
1924. Paris. Recueil de *Poésies complètes*.
1925. Adaptation de *Volpone*.
1926. Mort de son père. Voyage dans le midi. Prépare un *Liber Amicorum* pour l'anniversaire de Rolland.
1927. *La Confusion des sentiments*, cinq récits des *Heures étoilées de l'humanité*.

- 1928. *Trois Poètes de leur vie* (Casanova, Stendhal et Tolstoï). Voyage à Moscou. Biographie de Zweig par Rieger.
- 1929. Livre sur *Fouché*, *L'Agneau du pauvre*.
- 1930. Visite de Gorki avec Friderike à Sorrente. *Rachel contre Dieu*.
- 1931. Voyage en France, séjour avec Joseph Roth au Cap-d'Antibes. Publie *La Guérison par l'esprit* (Mesmer, Mary Baker-Eddy, Freud). Discussions avec R. Strauss en vue d'un livret d'opéra.
- 1932. Séjour à Paris, conférences en Italie. Travaille sur le livret de *La Femme silencieuse* et *Marie-Antoinette*.
- 1933. Succès de *Marie-Antoinette*. Fin du livret pour Strauss. Conférences en Suisse. À Londres.
- 1934. Éditions Reischner. Installation à Londres après la perquisition de la maison de Salzbourg. Travail sur *Marie Stuart*. *Érasme*.
- 1935. New York, Vienne, Zurich. Travaille sur Castellion. Londres. Publie *Marie Stuart*; un livre sur Toscanini. Première de *La Femme silencieuse* à Dresde. Traduction de Pirandello.
- 1936. Voyage au Brésil et congrès en Argentine.
- 1937. *Le Chandelier enterré*. Vente de la maison du Kapuzinerberg.
- 1938. Travaille sur une biographie de Magellan, voyage au Portugal. Divorce d'avec Friderike. Mort de sa mère.
- 1939. *La Pitié dangereuse*. Naturalisation anglaise. Mariage avec Lotte Altmann. Travaille sur son *Balzac*.
- 1940. Conférence sur la « Vienne d'hier » à Paris. Départ à New York, puis Rio. Livre sur le Brésil. Tournée de conférences.
- 1941. New York puis New Haven. *Amerigo*; publie *Brésil, terre d'avenir*. Ossining. Travaille sur *Le Monde d'hier*. Installation à Petrópolis. *Le Joueur d'échecs*.
- 1942. Travaille sur Montaigne; *Clarissa*. Suicide avec sa femme le 22 février.

RÉFÉRENCES BIBLIOGRAPHIQUES

Stefan Zweig

Romans et nouvelles, I, édition, présentation et notes de Brigitte Vergne-Cain, avec la collaboration de Gérard Rudent. Traductions de Alzir Hella, Olivier Bournac, Manfred Schenker, Le Livre de Poche, « La Pochothèque », 1991. Le volume contient : *Ô enfance, étroite prison ; Conte crépusculaire ; Brûlant Secret ; La Peur ; Ouvre-toi, monde souterrain des passions ! Amok ; La Femme et le Paysage ; La Nuit fantastique ; Lettre d'une inconnue ; La Ruelle au clair de lune ; M'éloignes-tu encore de la douce lumière ; Vingt-quatre heures de la vie d'une femme ; La Confusion des sentiments ; La Collection invisible ; Leporella ; Le Bouquiniste Mendel ; Révélation inattendue d'un métier ; Virata ; Rachel contre Dieu ; Le Chandelier enterré ; Les Deux Jumelles ; La Pitié dangereuse ; Le Joueur d'échecs*.

Romans, nouvelles et théâtre, II, édition, présentation et notes de Brigitte Vergne-Cain avec la collaboration de Gérard Rudent. Traduction de Alzir Hella, Olivier Bournac, Louis-Charles Baudouin, Jean-Claude Capèle, Hélène Jeanroy-Denis, Robert Dumont, Brigitte Vergne-Cain, Gérard Rudent, Le Livre de Poche, « La Pochothèque », 1995. Le volume contient : *Dans la neige ; L'Amour d'Erika Ewald ; L'Étoile au-dessus de la forêt ; La Marche ; Les Prodiges de la vie ; La Croix ; La Gouvernante ; Le Jeu dangereux ; Thersite ; Histoire d'une déchéance ; Le Comédien métamorphosé ; Jérémie ; La Légende de la troisième colombe ; Au bord du lac Léman ; La Contrainte ; Destruction d'un cœur ; Un mariage à Lyon ; Ivresse de la métamorphose ; Clarissa*.

Essais, III, édition, présentation et notes de Isabelle Hausser. Traductions de Alzir Hella, Henri Bloch, Juliette Pary, Dominique Tassel, Isabelle Hausser, Le Livre de Poche, « La Pochothèque », 1996. Le volume contient : *Trois Maîtres* (Balzac — Dickens — Dostoïevski) ; *Le Combat avec le démon* (Kleist — Hölderlin — Nietzsche) ; *Trois Poètes de leur vie* (Stendhal — Casanova — Tolstoï) ; *La Guérison par l'esprit* (Mesmer — Mary Baker-Eddy — Freud) ; *Le Mystère de la création artistique* ; *Érasme* ; *Montaigne* ; *Parole d'Allemagne* ; *Le Monde sans sommeil* ; *Aux amis de l'étranger* ; *La Tour de Babel* ; *Allocution* ; *Pour la Freie Tribune* ; *Paris* ; *En cette heure sombre*.

Wondrak, traduit par Hélène Denis, Belfond, Le Livre de Poche, 1994. Le volume contient : *Wondrak* ; *La Scarlatine* ; *Fragment d'une nouvelle* ; *La Dette* ; *Un homme qu'on n'oublie pas* ; *Rêves oubliés* ; *Printemps au Prater*.

Fouché, traduit par Alzir Hella et Olivier Bournac, Grasset & Fasquelle, 1931, « Les Cahiers rouges », 1969.

Marie Stuart, traduit par Alzir Hella, Grasset, « Les Cahiers rouges », 1936.

Marie-Antoinette, traduit par Alzir Hella, Grasset, « Les Cahiers rouges », 1933.

Magellan, traduit par Alzir Hella, Grasset, « Les Cahiers rouges », 2003.

Romain Rolland, traduit par Odette Richez, édition révisée et préfacée par Serge Niémetz, Belfond, 2000.

Balzac, le roman de sa vie, traduit par Fernand Delmas, Le Livre de Poche, 1996.

Les Très Riches Heures de l'humanité, traduit par Alzir Hella et Hélène Denis, Belfond, Le Livre de Poche, 1989.

Amerigo, récit d'une erreur historique, traduit par Dominique Autrand, Belfond, Le Livre de Poche, 1992.

Hommes et destins, traduit par Hélène Denis-Jeanroy, Belfond, 1999.

Le Brésil, terre d'avenir, traduit par Jean Longeville, Éditions de l'Aube, 1994.

Correspondance, 1897-1919, traduit par Isabelle Kalinowski, Grasset & Fasquelle, 2000.

Correspondance, 1920-1931, traduit par Laure Bernardi. Grasset & Fasquelle, 2003.

Correspondance, Sigmund Freud-Stefan Zweig, traduit par Didier Plassard et Gisella Hauer, Rivages, « Petite Bibliothèque », 1995.

Correspondance, Arthur Schnitzler-Stefan Zweig, traduit par Gisella Hauer et Didier Plassard, Rivages, 1994.

L'Amour inquiet, correspondance 1912-1942, traduit par Jacques Legrand, Éditions des Femmes, 1987.

Correspondance, Verhaeren-Zweig, édition établie par Fabrice van de Kerckhove, Éditions Labor, Bruxelles, 1996.

Correspondance, 1931-1936, Richard Strauss-Stefan Zweig, édition, présentation et notes de Bernard Banoun, traductions de Nicole Casanova et Bernard Banoun, Flammarion, « Harmoniques », 1994.

Correspondance. L'Anthologie oubliée de Leipzig, Georges Duhamel-Stefan Zweig, édition, présentation et notes de Claudine Delphis, Leipziger Universitätsverlag, 2001.

Journaux 1912-1940, traduit par Jacques Legrand, Belfond, 1986.
Le Monde d'hier. Souvenirs d'un Européen, traduction nouvelle par Serge Niémetz, Belfond, 1982, 1993.
Pays, villes, paysages. Écrits de voyage, traduit par Hélène Denis-Jeanroy, Belfond, 1996.

AUTOUR DE L'ÉCRIVAIN

Collectif, *Stefan Zweig. Instants d'une vie*. Images, textes et documents rassemblés par Klemens Renolder, Hildemar Holl, Peter Karlhuber, Stock, 1994.

« Stefan Zweig », *Europe*, juin-juillet 1995.

« Stefan Zweig », *Austriaca*, n°34, juin 1992, Université de Rouen.

Gabriel Fragnière, *Stefan Zweig ou espérer l'Europe à en mourir*, Presses interuniversitaires européennes, 1993.

Jacques Le Rider, *Journaux intimes viennois*, PUF, 2000.

Serge Niémetz, *Stefan Zweig, le voyageur et ses mondes*, Belfond, 1996.

Donald Prater, *Stefan Zweig*, La Table Ronde, 1988.

AUTOUR DE VIENNE

Jean-Paul Bled, *Histoire de Vienne*, Fayard, 1998.
David Bronsen, *Joseph Roth*, Seuil, 1994.
Collectif, *Vienne 1880-1938, L'Apocalypse joyeuse*, catalogue, Centre Pompidou, 1986.
William M. Johnston, *L'Esprit viennois. Une histoire intellectuelle et sociale 1848-1938*, traduit par Pierre Emmanuel Dauzat, PUF, « Perspectives critiques », 1985.
Claudio Magris, *Le Mythe et l'Empire*, Gallimard, 1991.
Michael Pollak, *Vienne 1900. Une identité blessée*, Gallimard/Julliard, « Archives », 1984.
Arthur Schnitzler, *Une jeunesse viennoise : 1862-1889. Autobiographie*, Hachette, 1987.
Arthur Schnitzler, *Vienne au crépuscule*, traduit par Robert Dumont, Stock, « La Cosmopolite », 2000.

NOTES

« LAQUELLE DE MES VIES ? »

1. *Le Monde d'hier. Souvenirs d'un Européen*, Belfond, 1993.
2. Lettre à Alfred Zweig, 28 novembre 1931, *Correspondance*, Grasset, 2 vol., 2000-2003.
3. *Érasme*, in *Essais*, III, Le Livre de Poche, « La Pochothèque », 1996.
4. Lettre à Rudolf G. Binding, 13 avril 1928, *Correspondance, op. cit.*
5. Préface à *Trois Poètes de leur vie*, *Essais*, III, *op. cit.*
6. Georges Duhamel, *Biographie de mes fantômes*, Paul Hartmann, 1948 ; Jouve, *Œuvre*, Mercure de France, 1987. Hermann Kesten, *Meine Freunde, die Poeten*, Donauverlag Wien-München.
7. *La Nuit fantastique*, in *Romans et nouvelles*, I, Le Livre de Poche, « La Pochothèque », 1996.
8. Lettre à Hermann Hesse, 2 février 1903, *Correspondance, op. cit.*
9. *L'Amour inquiet, correspondance 1912-1942*, Éditions des Femmes, 1987.
10. Kurt Tucholsky, *Der schiefe Hut*, volume 3, Ed. Reinbeck.
11. Donald Prater, *Stefan Zweig*, La Table Ronde, 1988.
12. Dimanche 13 juin 1915, in *Journaux 1912-1940*, Belfond, 1986.
13. *La Confusion des sentiments*, in *Romans et nouvelles*, I, *op. cit.*
14. Lettre à Martin Buber, 8 mai 1916, *Correspondance, op. cit.*

L'ENFANCE ET LA JEUNESSE

1. *Brûlant Secret*, in *Romans et nouvelles*, I, *op. cit.*
2. William M. Johnston, *L'Esprit viennois. Une histoire intellectuelle et sociale, 1848-1938*, PUF, « Perspectives critiques », 1985.
3. Arthur Schnitzler, *in* Michael Pollak, *Vienne 1900. Une identité blessée*, Gallimard/Julliard, « Archives », 1984.
4. *Le Monde d'hier. Souvenirs d'un Européen*, *op. cit.*
5. William M. Johnston, *L'Esprit viennois*, *op. cit.*
6. *Destruction d'un cœur*, in *Romans, nouvelles et théâtre*, II, Le Livre de Poche, « La Pochothèque », 1995.
7. *Brûlant Secret*, *op. cit.*
8. *La Gouvernante*, in *Romans, nouvelles et théâtre*, II, *op. cit.*
9. *Correspondance*, *op. cit.*
10. *Perspectives*, revue trimestrielle d'éducation comparée, Paris Unesco, vol. XXIII, n°3-4, 1993.
11. *Le Monde d'hier. Souvenirs d'un Européen*, *op. cit.*
12. *Ibid.*
13. *La Scarlatine*, in *Wondrak*, Belfond, le Livre de Poche, 1994.
14. *Le Monde d'hier. Souvenirs d'un Européen*, *op. cit.*
15. *Ibid.*
16. Lettre à Karl Emil Franzos, 3 juillet 1900, *Correspondance*, *op. cit.*
17. *Le Monde d'hier. Souvenirs d'un Européen*, *op. cit.*
18. *Ibid.*
19. Donald Prater, *Stefan Zweig*, *op. cit.*

LE JEUNE POÈTE

1. Citation tirée de « Révélation inattendue d'un métier », *Romans et nouvelles*, I, *op. cit.*
2. *Le Monde d'hier. Souvenirs d'un Européen*, *op. cit.*
3. Arthur Schnitzler, *Vienne au crépuscule*, Éd. Stock, 2000.
4. *Dans la neige*, in *Romans, nouvelles et théâtre*, II, *op. cit.*
5. *Le Monde d'hier. Souvenirs d'un Européen*, *op. cit.*
6. *La Confusion des sentiments*, in *Romans et nouvelles*, I, *op. cit.*
7. *Le Monde d'hier. Souvenirs d'un Européen*, *op. cit.*

8. Lettre à Leonhard Adelt, 12 février 1902, *Correspondance, op. cit.*

9. *Le Monde d'hier. Souvenirs d'un Européen, op. cit.*

10. *Ibid.*

11. Lettre à Hermann Hesse, 20 septembre 1904, *Correspondance, op. cit.*

12. Lettre à Ellen Key, 16 novembre 1905, *ibid.*

13. Lettre à Ellen Key, 12 août 1905, *ibid.*

14. Lettre à Hermann Hesse, 2 mars 1903, *ibid.*

15. *Le Monde d'hier. Souvenirs d'un Européen, op. cit.*

16. Richard Beer-Hofmann, *La Mort de Georges*, Éd. Complexe, 2000.

17. *Le Monde d'hier. Souvenirs d'un Européen, op. cit.*

LE VOYAGEUR

1. Titre tiré d'une lettre à Ellen Key, 1909, *in* Donald Prater, *Stefan Zweig, op. cit.*

2. Lettre à Ellen Key, mi-janvier 1907, *Correspondance, op. cit.*

3. Lettre à Ellen Key, 12 août 1905, *ibid.*

4. *Le Monde d'hier. Souvenirs d'un Européen, op. cit.*

5. *Ibid.*

6. *Hommes et destins*, Belfond, Le Livre de Poche, 1999.

7. Georges Duhamel, *Biographie de mes fantômes, op. cit.*

8. *Révélation inattendue d'un métier*, in *Romans et nouvelles*, I, *op. cit.*

9. Lettre à Ellen Key, *in* Donald Prater, *Stefan Zweig, op. cit.*

10. Lettre à Hermann Hesse, 4 avril 1905, *Correspondance, op. cit.*

11. *Le Monde d'hier. Souvenirs d'un Européen, op. cit.*

12. Jules Romains, Conférence à Vienne, juin 1958, in *Le Théâtre de Stefan Zweig* de Robert Dumont, PUF, 1976.

13. Pour la revue *Der Sturm*, 1908, in *Stefan Zweig. Instants d'une vie*, Klemens Renolder, Hildemar Holl, Peter Karlhuber (dir.), Stock, 1994.

14. 27 septembre 1926, in *Correspondance, Arthur Schnitzler-Stefan Zweig*, Rivages, 1994.

15. *Le Monde d'hier. Souvenirs d'un Européen, op. cit.*

16. *Romain Rolland*, Belfond, 2000.
17. Lettre du 17 février 1931, in *Correspondance, Sigmund Freud-Stefan Zweig*, Rivages, « Petite Bibliothèque », 1995.
18. *Essais*, III, *op. cit.*
19. *Journaux 1912-1940*, *op. cit.*
20. *La Confusion des sentiments*, *op. cit.*
21. In *Représentation de la condition juive*, Jacques Le Rider, *Europe*, juin / juillet 1995.
22. Donald Prater, *Stefan Zweig*, *op. cit.*
23. Lettre du 21 octobre 1913 et de mars 1914, in *L'Amour inquiet, correspondance 1912-1942*, *op.cit.*
24. Fin février 1913, in *Journaux 1912-1940*, *op. cit.*

L'EUROPÉEN ET L'HUMANISTE

1. *Érasme*, *op. cit.*
2. *Le Monde d'hier. Souvenirs d'un Européen*, *op. cit.*
3. *Jaurès*, in *Hommes et destins*, *op. cit.*
4. *Le Monde d'hier. Souvenirs d'un Européen*, *op. cit.*
5. Lundi 28 décembre 1914, in *Journaux 1912-1940*, *op. cit.*
6. Le 9 novembre 1914, in *Correspondance*, *op. cit.*
7. *La Belgique sanglante*, de Verhaeren, in *Correspondance, Verhaeren-Zweig*, Éditions Labor, Bruxelles, 1996.
8. Mardi 13 avril 1915, in *Journaux 1912-1940*, *op. cit.*
9. *Jérémie*, in *Romans, nouvelles et théâtre*, II, *op. cit.*
10. Lettre à Martin Buber, 8 mai 1916, in *Correspondance*, *op. cit.*
11. *Stefan Zweig. Instants d'une vie*, *op. cit.*
12. *Correspondance, Verhaeren-Zweig*, *op. cit.*
13. Lettre à Zech, 28 août 1917, *in* Donald Prater, *Stefan Zweig*, *op. cit.*
14. *Correspondance*, *op. cit.*
15. *Journaux 1912-1940*, *op. cit.*
16. *Ibid.*
17. Le 19 octobre 1920, *Correspondance, Sigmund Freud-Stefan Zweig*, *op. cit.*
18. *L'Amour inquiet, correspondance 1912-1942*, *op. cit.*
19. Le 23 décembre 1917, *Correspondance*, *op. cit.*
20. Jeudi 17 octobre 1918, *Journaux 1912-1940*, *op. cit.*

21. *Le Monde d'hier. Souvenirs d'un Européen*, *op. cit.*
22. *Ibid.*
23. *Correspondance*, *op. cit.*
24. *Œuvre*, tome II, Pierre Jean Jouve, Mercure de France, 1987.
25. *Érasme*, *op. cit.*

L'ÉCRIVAIN À SUCCÈS

1. Citation tirée de *Lettre d'une inconnue*, in *Romans et nouvelles*, I, *op. cit.*
2. *Le Monde d'hier. Souvenirs d'un Européen*, *op. cit.*
3. Lettre à Romain Rolland, 4 mai 1925, *Correspondance*, *op. cit.*
4. Introduction, *Le Combat avec le démon*, in *Essais*, III, *op. cit.*
5. *Ibid.*
6. « Ouvre-toi, monde souterrain des passions », in *Romans et nouvelles*, I, *op. cit.*
7. *Œuvre*, tome II, Pierre Jean Jouve, *op. cit.*
8. Le 30 octobre 1920, *L'Amour inquiet, correspondance 1912-1942*, *op. cit.*
9. Le 2 août 1920, *Correspondance*, *op. cit.*
10. Le 4 août 1922, *ibid.*
11. Témoignage in *Stefan Zweig, Triumph und Tragik*, publié par Ulrich Weinzierl, Fischer, 1992.
12. Donald Prater, *Stefan Zweig*, *op. cit.*
13. Avant le 19 juillet 1918, *Correspondance*, *op. cit.*
14. *Romain Rolland*, *op. cit.*
15. Lettre du 7 novembre 1926, *Correspondance, Arthur Schnitzler-Stefan Zweig*, *op cit.*
16. Le 4 septembre 1926, *Correspondance, Sigmund Freud-Stefan Zweig*, *op. cit.*
17. Le 3 août 1925, *L'Amour inquiet, correspondance 1912-1942*, *op. cit.*
18. Lettre à Frans Masereel, vers 1925, *Stefan Zweig. Instants d'une vie*, *op. cit.*

LES RELATIONS AUX AUTRES

1. Lettre à Frans Masereel, 29 mars 1920, *Correspondance*, *op. cit.*
2. Lettre de Verhaeren, 31 décembre 1905, *Correspondance, Verhaeren-Zweig*, *op. cit.*
3. Le 8 mai 1911, *ibid.*
4. Lettre du 22 janvier 1921, *Correspondance. L'Anthologie oubliée de Leipzig, Georges Duhamel-Stefan Zweig*, Leipziger Universitätsverlag, 2001.
5. Lettre à V. Fleischer, 23 décembre 1926, *Correspondance*, *op. cit.*
6. Lettre à Masereel, vers 1925, in *Stefan Zweig. Instants d'une vie*, *op. cit.*
7. *Joseph Roth*, in *Hommes et destins*, *op. cit.*
8. Le 21 octobre 1931, *Journaux 1912-1940*, *op. cit.*
9. *La guérison par l'esprit*, in *Essais*, III, *op. cit.*
10. *Freud*, in *Essais*, III, *op. cit.*
11. Serge Niémetz, *Stefan Zweig, le voyageur et ses mondes*, Belfond, 1996.
12. *Essais*, III, *op. cit.*, D.R.
13. Lettre du 23 décembre 1926, *Correspondance*, *op. cit.*
14. Lettre de Friderike à Adelt, 1926, in *Stefan Zweig, le voyageur et ses mondes*, *op. cit.*
15. Lettre du 10 décembre 1926 et lettre du 8 août 1927, *L'Amour inquiet, correspondance 1912-1942*, *op. cit.*
16. Lettre à Hans Carossa, 13 novembre 1933, in *Stefan Zweig. Instants d'une vie*, *op. cit.*
17. *Virata*, in *Romans et nouvelles*, I, *op. cit.*
18. Le 2 février 1925, *Correspondance*, *op. cit.*
19. *Stefan Zweig. Instants d'une vie*, *op. cit.*
20. *Pays, villes, paysages, Écrits de voyage*, Belfond, 1996.
21. Lettre du 3 octobre 1928, *Correspondance*, *op. cit.*

1. Citation tirée du poème : « Ouvre-toi, monde souterrain des passions », in *Romans et nouvelles*, I, *op. cit.*
2. *Fouché*, Grasset & Fasquelle, 1931.
3. *Amok ou le fou de Malaisie*, in *Romans et nouvelles*, I, *op. cit.*
4. *Ibid.*
5. *La Confusion des sentiments*, *op. cit.*
6. *Conte crépusculaire*, in *Romans et nouvelles*, I, *op. cit.*
7. *La Nuit fantastique*, in *Romans et nouvelles*, I, *op. cit.*
8. *Journaux 1912-1940*, *op. cit.*
9. Lettre du 7 juillet 1930, *Correspondance*, *op. cit.*
10. *Journaux 1912-1940*, *op. cit.*
11. Donald Prater, *Stefan Zweig*, *op. cit.*
12. *Tolstoï*, in *Essais*, III, *op. cit.*
13. Lettre du 5 septembre 1929, *Correspondance*, *op. cit.*
14. *Casanova*, in *Essais*, III, *op. cit.*
15. Lettre du 7 juillet 1930, *Correspondance*, *op. cit.*
16. Lettre du 12 janvier 1924, *Correspondance*, *op. cit.*
17. *Le Monde d'hier. Souvenirs d'un Européen*, *op. cit.*
18. *Correspondance, 1931-1936, Richard Strauss-Stefan Zweig*, Flammarion, « Harmoniques », 1994.
19. Lettre du 24 mai 1935, *ibid.*
20. Lettre du 16 janvier 1932, *L'Amour inquiet, correspondance 1912-1942*, *op. cit.*
21. David Bronsen, *Joseph Roth*, Seuil, 1994.
22. Lettre du 18 avril 1933, Hartmut Müller, *Stefan Zweig*, Rowohlt, 1998.
23. Lettre du 7 novembre 1933, *in* David Bronsen, *Joseph Roth*, *op. cit.*
24. *Érasme*, *op. cit.*

L'ÊTRE JUIF

1. Lettre à Martin Buber, 24 janvier 1917, *Correspondance*, *op. cit.*
2. *Le Monde d'hier. Souvenirs d'un Européen*, *op. cit.*

3. Arthur Schnitzler, *Vienne au crépuscule*, Stock, « La Cosmopolite », 2000.
4. Lettre à Abraham Schwadron, été 1916, in *Stefan Zweig. Instants d'une vie*, op. cit.
5. Lettre à Martin Buber, 8 mai 1916, *Correspondance*, op. cit.
6. *Le Bouquiniste Mendel*, in *Romans et nouvelles*, I, op. cit.
7. *Le Chandelier enterré*, ibid.
8. *Le Monde d'hier. Souvenirs d'un Européen*, op. cit.
9. *L'Amour inquiet, correspondance 1912-1942*, op. cit.
10. Lettre à Romain Rolland, 2 mai 1938, in *Stefan Zweig. Instants d'une vie*, op. cit.
11. Lettre du 26 mai 1936, *L'Amour inquiet, correspondance 1912-1942*, op. cit.
12. *Le Monde d'hier. Souvenirs d'un Européen*, op. cit.
13. *Allocution*, in *Essais*, III, op. cit.
14. Lettre du 30 novembre 1936, *L'Amour inquiet, correspondance 1912-1942*, op. cit.
15. *Le Monde d'hier. Souvenirs d'un Européen*, op. cit.
16. Mercredi 6 septembre 1939, *Journaux 1912-1940*, op. cit.
17. Samedi 15 juin 1940, *Journaux 1912-1940*, op. cit.
18. Lettre à Beer-Hofmann, 11 juillet 1940, in *Stefan Zweig. Instants d'une vie*, op. cit.

L'EXIL ET LA FIN CHOISIE

1. Citation tirée de l'introduction du *Monde d'hier. Souvenirs d'un Européen*, op. cit.
2. *Fouché*, op. cit.
3. *Le Monde d'hier. Souvenirs d'un Européen*, op. cit.
4. Lettre du 7 décembre 1940, *L'Amour inquiet, correspondance 1912-1942*, op. cit.
5. *Le Brésil, terre d'avenir*, Éditions de l'Aube, 1994.
6. Lettre de 1941, *L'Amour inquiet, correspondance 1912-1942*, op. cit.
7. *En ces heures sombres*, in *Stefan Zweig. Instants d'une vie*, op. cit.
8. *Les Très Riches Heures de l'humanité*, Belfond, Le Livre de Poche, 1989.

9. *Une expérience inoubliable*, in *Hommes et destins*, op. cit.
10. Le 10 septembre 1941, *L'Amour inquiet, correspondance 1912-1942*, op. cit.
11. *Le Joueur d'échecs*, in *Romans et nouvelles*, I, op. cit.
12. Poème in *L'Amour inquiet, correspondance 1912-1942*, op. cit.
13. Lettre à Berthold Viertel, 30 janvier 1942, in *Stefan Zweig. Instants d'une vie*, op. cit.
14. *Clarissa*, in *Romans, nouvelles et théâtre*, II, op. cit.
15. Lettre à Jules Romains, *in* Donald Prater, *Stefan Zweig*, op. cit.
16. Lettre du 22 février 1942, *L'Amour inquiet, correspondance 1912-1942*, op. cit.
17. *Declaraçao, in* Donald Prater, *Stefan Zweig*, op. cit.
18. *Correspondance, 1931-1936, Richard Strauss-Stefan Zweig*, op. cit.

Avant-propos	9
« Laquelle de mes vies ? »	11
L'enfance et la jeunesse	30
Le jeune poète	57
Le voyageur	81
L'Européen et l'humaniste	109
L'écrivain à succès	136
Les relations aux autres	162
Le dire et le taire	187
L'être juif	212
L'exil et la fin choisie	241

ANNEXES

Repères chronologiques	265
Références bibliographiques	268
Notes	273

FOLIO BIOGRAPHIES

Attila, par ÉRIC DESCHODT
Balzac, par FRANÇOIS TAILLANDIER
Cézanne, par BERNARD FAUCONNIER
Jules César, par JOËL SCHMIDT
James Dean, par JEAN-PHILIPPE GUERAND
Freud, par CHANTAL TALAGRAND et RENÉ MAJOR
Gandhi, par CHRISTINE JORDIS
Billie Holiday, par SYLVIA FOL
Ibsen, par JACQUES DE DECKER
Kafka, par GÉRARD-GEORGES LEMAIRE
Louis XVI, par BERNARD VINCENT
Michel-Ange, par NADINE SAUTEL
Modigliani, par CHRISTIAN PARISOT
Pasolini, par RENÉ DE CECCATTY
Virginia Woolf, par ALEXANDRA LEMASSON
Stefan Zweig, par CATHERINE SAUVAT

À paraître en octobre 2006

Baudelaire, par JEAN-BAPTISTE BARONIAN
Jack Kerouac, par YVES BUIN
Picasso, par GILLES PLAZY
Shakespeare, par CLAUDE MOURTHÉ

Composition Bussière.
Impression Maury-Eurolivres, le 17 avril 2006.
Dépôt légal : avril 2006.
Numéro d'imprimeur : 121413
ISBN 2-07-030835-9./Imprimé en France.

135686